Cet exemplaire a appartenu, d'après la signature qui se trouve en tête de la première page à un De La Guerche

La terre et seigneurie de la Guerche fut erigée en marquisat par lettres du mois de fevrier 1682 en faveur de René de Brue ; ces lettres furent enregistrées à Nantes le 18 fevrier 1684.

De la Guerche

Les Sainctes Prieres de l'ame Chrestienne

Escrittes & grauées apres le naturel de la plume

Par P. Moreau
Me. Escriuain Juré
A Paris

1632

M

Et se vendent chés l'autheur. pres le Palais derriere S. Pierre des assis

Auec Priuileige du Roy

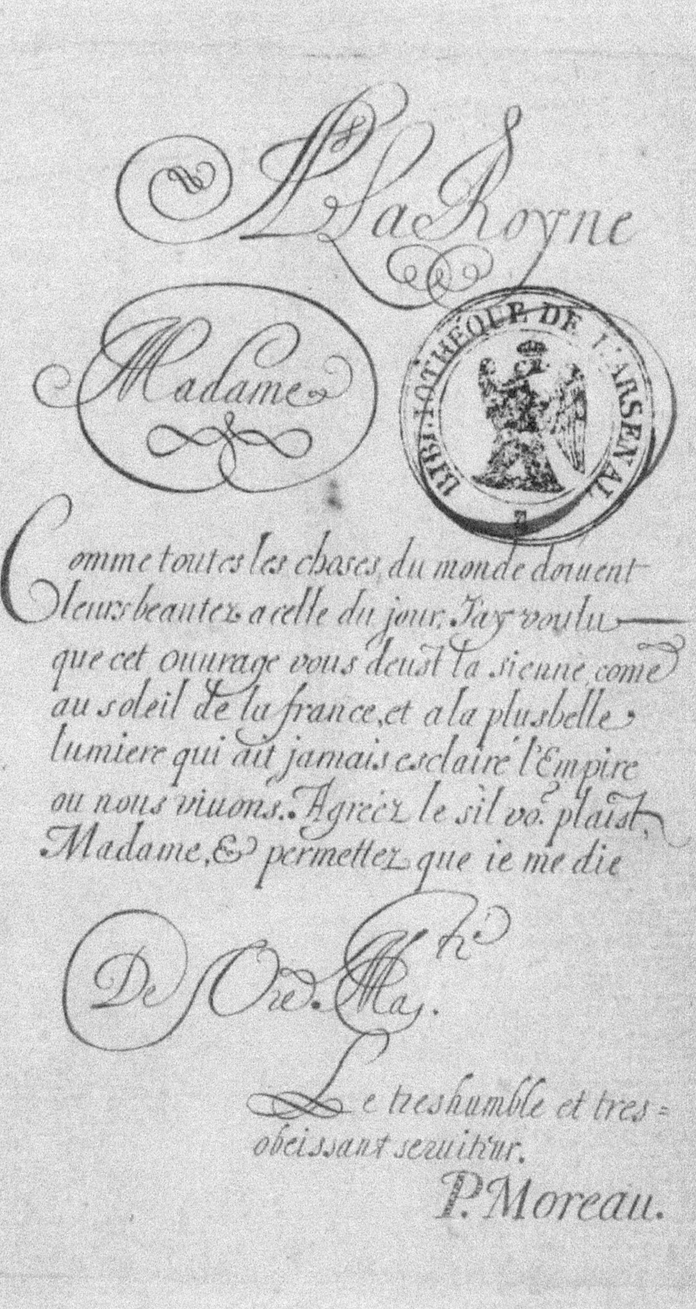

A la Royne

Madame

Comme toutes les choses du monde douent leurs beautez a celle du jour, J'ay voulu que cet ouurage vous deust la sienne, come au soleil de la france, et a la plus belle lumiere qui ait jamais esclairé l'Empire ou nous viuons. Agreez le s'il vo. plaist, Madame, & permettez que ie me die

De V.re M.té

Le treshumble et tres=
obeissant seruiteur.

P. Moreau.

Prieres

IHS ♡ MA

In nomine Patris, et filij Et Spiritus Sti. Amen.

Benedicta sit Sta. et indiuidua Trinitas nunc et semper & per infinita secula seculorum. amen

JESVS.

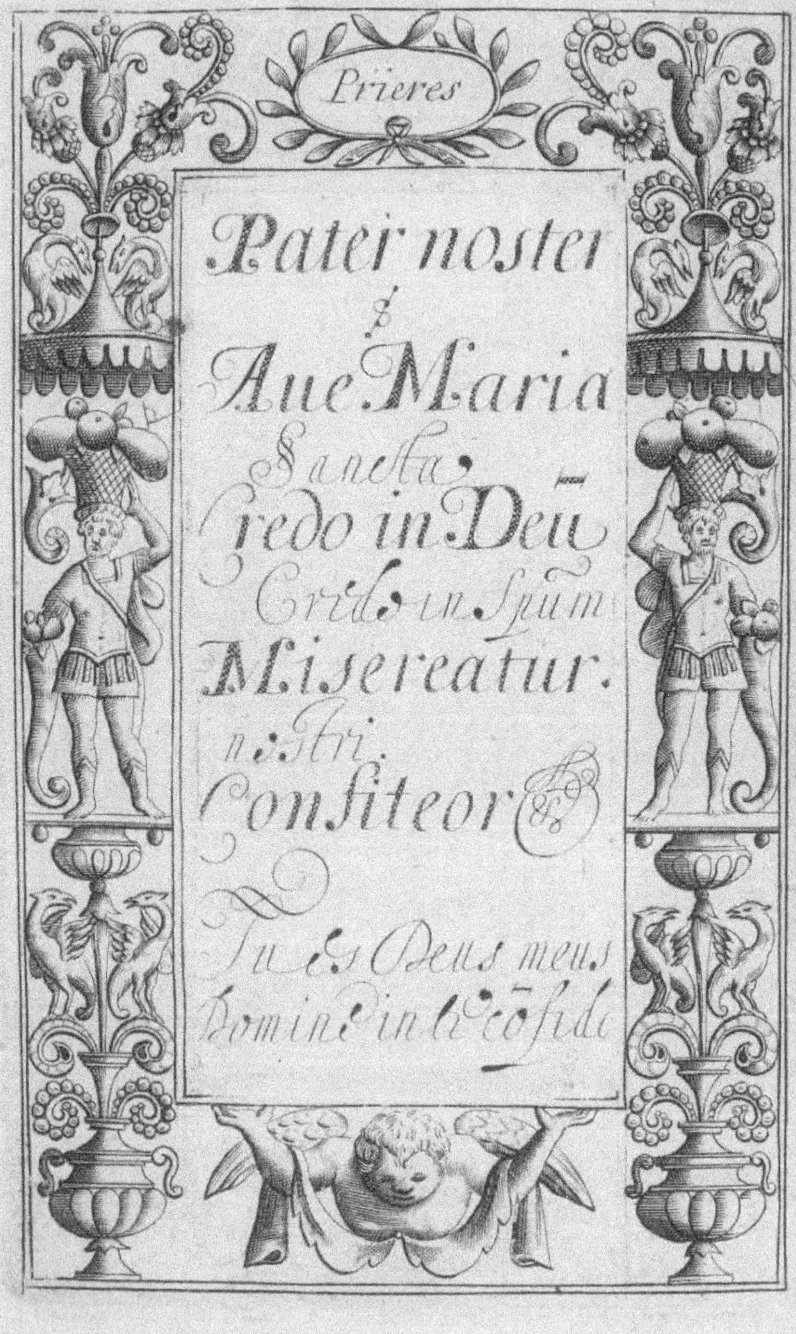

Prieres
Pater noster
Aue Maria
Misereatur.
Confiteor
Tu es Deus meus

Prieres

Prieres
IHS

Priers

Les Litanies du S. nõ de Iesus

Kyrie eleisõ

Christe eleison.

Kyrie eleison.

Christe audi nos

Christe exaudi

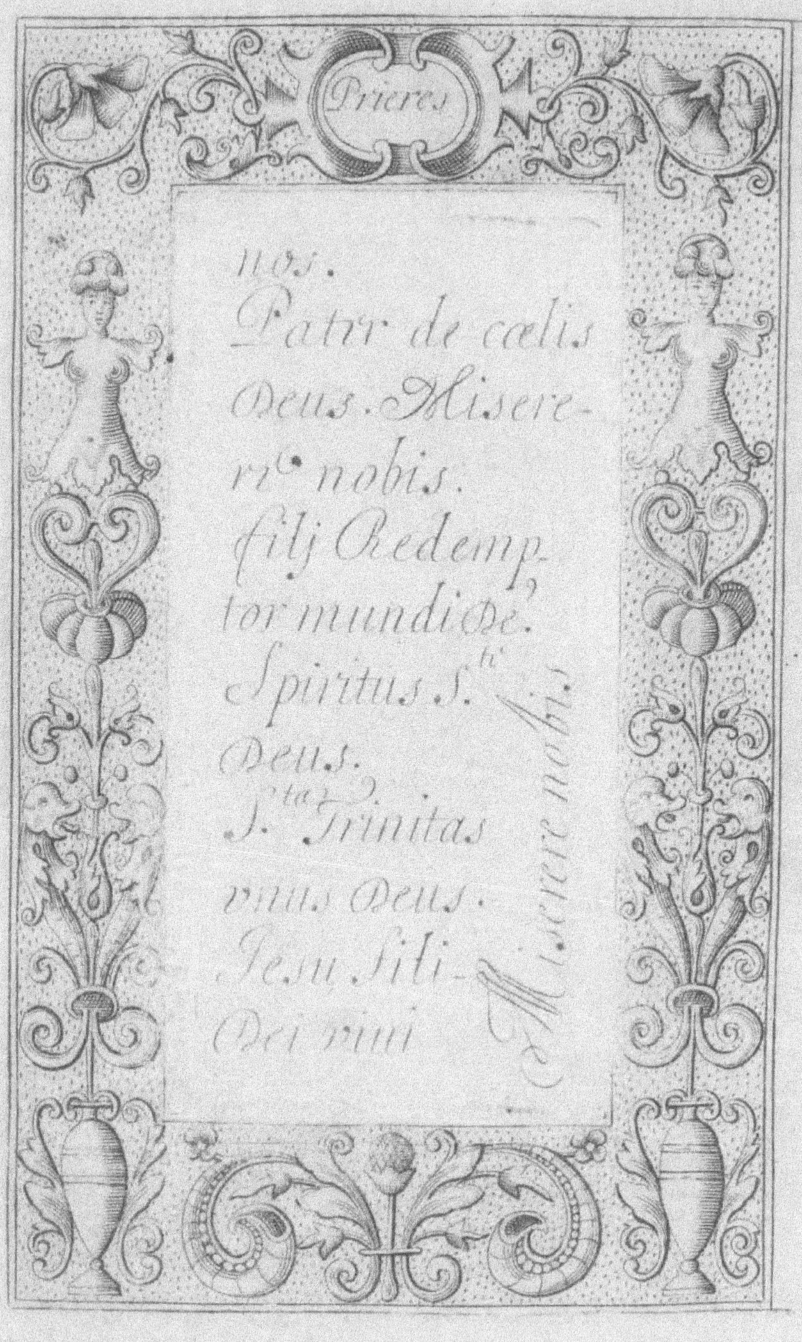

nos.
Pater de cœlis
Deus. Misere-
re nobis.
Filj Redemp-
tor mundi De.
Spiritus S.te
Deus.
S.ta Trinitas
vnus Deus.
Iesu Fili
Dei viui

Miserere nobis.

Prieres
Iesu potentissime
Iesu fortiss.me
I. perfectiss.me
I. gloriosiss.me
I. mirifice
I. jucundiss.me
I. charissime
I. clarior sole
I. pulchrior
luna.
I. splendidor
stellis
Miserere Nobis

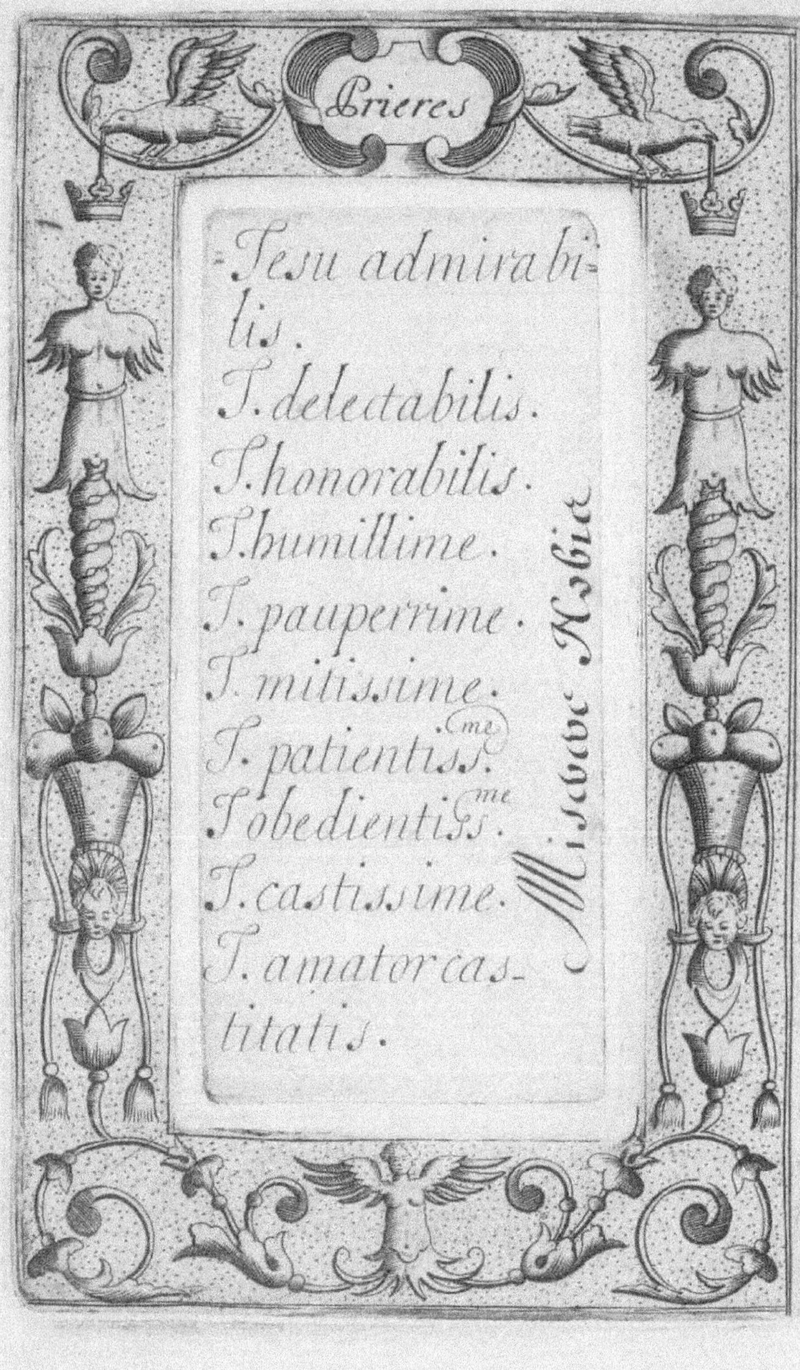
Prieres
Iesu admirabi-
lis.
I. delectabilis.
I. honorabilis.
I. humillime.
I. pauperrime.
I. mitissime.
I. patientiss.me
I. obedientiss.me
I. castissime.
I. amator cas-
titatis.
Miserere Nobis

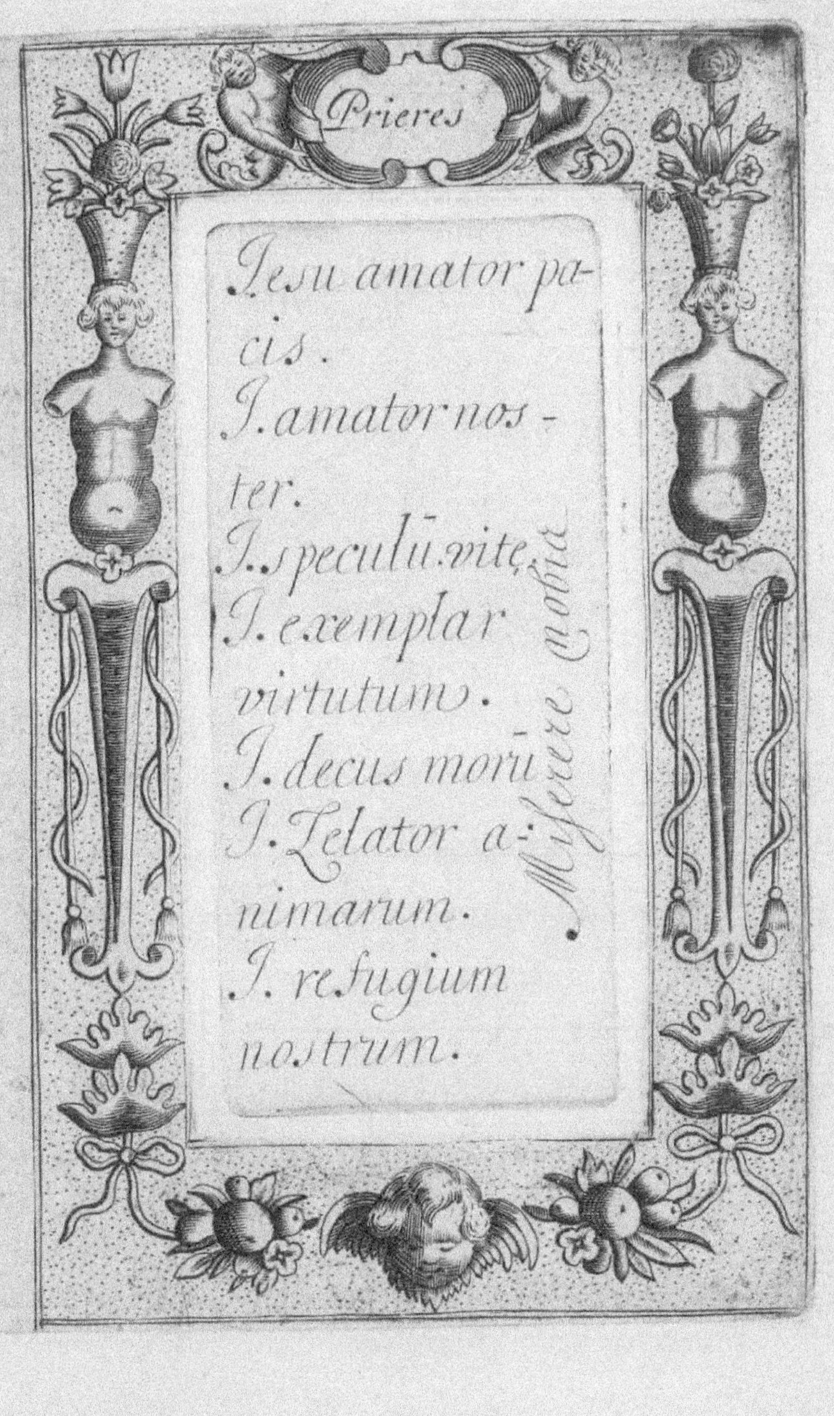
Prieres
Iesu amator pa-
cis.
I. amator nos-
ter.
I. speculū vitę
I. exemplar
virtutum.
I. decus morū
I. Zelator a-
nimarum.
I. refugium
nostrum.
Miserere nobis.

Prieres
Iesu pater pauperum.
I. consolatio afflictorum.
I. thesaurus fidelium.
I. gemma pretiosa.
I. armariũ perfectionis.
I. bone pastor ouium.
Miserere nobis

Jesu stella maris.

J. lux vera.

J. sapientia eterna.

J. bonitas infinita.

J. gaudium Angelorum.

J. Rex Patriarcharum.

Jesu inspirator

Miserere Nobis.

Prieres

Prophetarum.
Jesu Magister
Apostolorum.
J. doctor Euā-
gelistarum.
J. fortitudo
Martyrum.
J. Lumen Con-
fessorum.
J. sponse vir-
ginum.
Jesu corona

Miserere Nobis

sanctorum om
nium. Misere-
re nobis.
Propitius esto.
parce nobis Jesu
Propitius esto.
exaudi nos Jesu.
Ab omni pec-
cato. Libera nos
Jesu.
Ab ira tua Li-
bera nos Jesu

Morzan fecit

Prieres
Ab insidijs di-
aboli.
A peste fame
et bello.
A transgres-
sione mãdato-
rum.
Ab incursu om-
niũ malorũ.
Per incarnati-
onem tuam.
Per aduentũ tuũ.
Libera nos Jesu.

Per natiuitatē tuam.
Per circuncisionem tuam.
Per dolores tuos.
Per flagella tua.
Per resurrectionem tuam.
Per gaudia tua.
Per gloriā tuā.

Libera nos Iesu.

Per dulcissimã
virginem Ma-
trem tuam.
Per interces-
sionem omni-
um Sanctorũ
tuorum.

libera nos Iesu

Agnus Dei qui
tollis peccata
mundi. Parce
nobis Iesu.
Agnus Dei qui

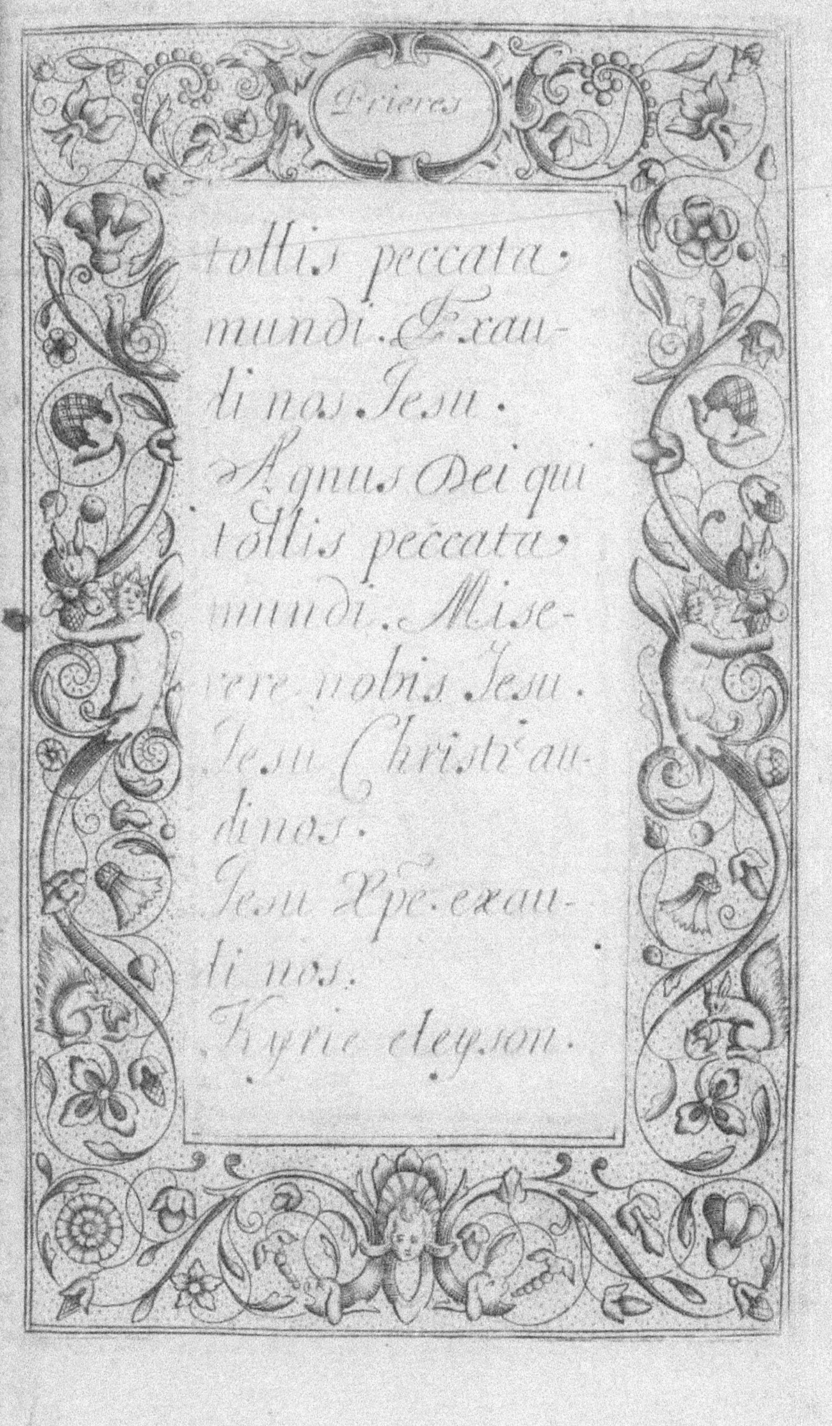

tollis peccata mundi. Exaudi nos Iesu.

Agnus Dei qui tollis peccata mundi. Miserere nobis Iesu.

Iesu Christi audi nos.

Iesu Xpe. exaudi nos.

Kyrie eleyson.

Xp̄e eleison
Kyrie eleison
Patr. Aue.
Domine exaudi
orationem meā.
Et clamor meus
ad te veniat.

OREMVS.

Deus qui glo-
riosissimum no-
men Jesu Christi

Filij tui Domini nostri fecisti fidelibus tuis summo suauitatis affectu amabile, et malignis spiritibus tremēdum atque terribile: concede propitius, ut omnes qui hoc nomen Jesu deuote vene-

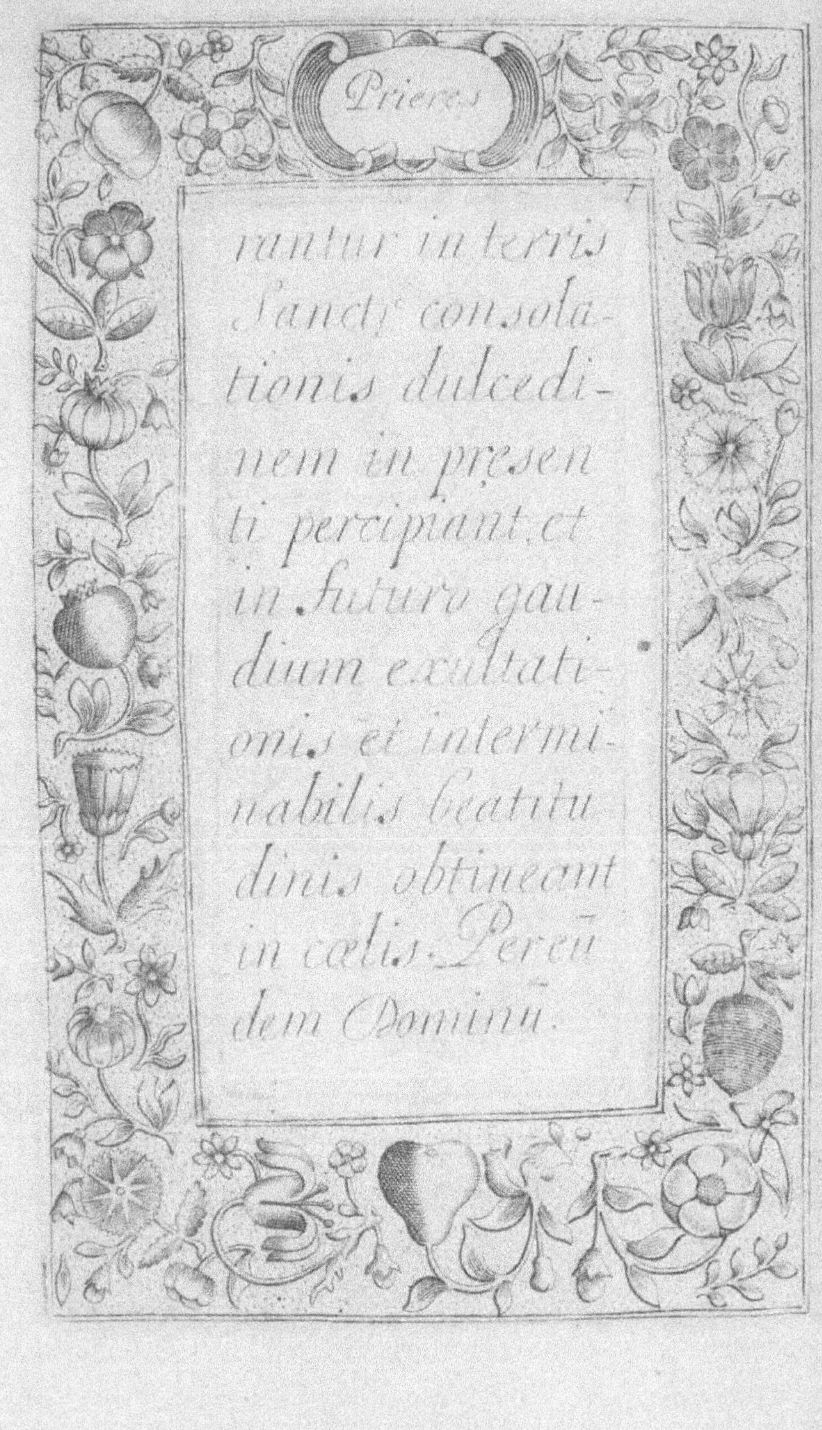

uantur in terris Sancti consolationis dulcedinem in presenti percipiant, et in futuro gaudium exultationis et interminabilis beatitudinis obtineant in cœlis. Per eũdem Dominũ.

Prieres

Prieres
S. Maria

Prieres

Les Litanies de la Vierge Marye

Kyrie eleison

Christe eleison

Christe audj nos

Christe exaudj nos

Pater de cælis Deus

Miserere nobis

Fili redemptor mũdj Deus

Prieres
Spiritus S.te Deus
Miserere nobis
Sancta Trinitas vnu
Deus Miserere nobis
Sancta Maria
S.ta Dei genitrix
S.ta Virgo Virginũ
Mater Christi
Mater diuinæ
gratiæ
Mater pijssima
Ora pro nobis

Prieres

Mater castissima

Mater inuiolata

Mater intemerata

Mater amabilis

Ma. admirabilis

Virgo prudent.ma

Virgo predicanda

Virgo veneranda

Virgo potens

Virgo clemens

Virgo fidelis. Speculũ justitie

ORA PRO NOBIS

Prieres
Sedes sapientiæ
Causa nostræ Letitiæ
Vas spirituale
Vas honorabile
Vas insigne
deuotionis
Rosa mystica
Turris dauidica
Turris eburnea
Domus aurea
Fœderis arca
Janua Cœli Stella matutina
Ora pro nobis

Prieres

Salus infirmorum.
Refugium peccatorum
Consolatrix afflictorum
Auxilium xpianorum
Regina Angelorum
Regina Patriarcharum.
Regina Prophetarum.
Regina Apostolorum
Regina Martyrum
Regina Confessorum
Regina virginum

Ora pro nobis

Prieres

Regina Sanctorum
omnium Ora p. nobis.
Mater Dei te roga-
mus audi nos.
Iesu Christe fili De
viui Parce nobis Dne
Iesu Xpe fili Dei viui
Exaudi nos Domine
Iesu Christe fili
Dei viui Miserere
nobis Pater. Aue.

Prieres

Salue Regina Mater misericordie. vita dulcedo. & spes nostra. salue. Ad te clamamus. exules filij Eue. Ad te suspiramus gementes et flentes in hac lachryma-

Moreau fecit

rum valle. Eya er-
go aduocata nostra
Illos tuos miseri-
cordes oculos ad
nos conuerte. Et
Iesum benedictum
fructum uentris tui
Nobis post hoc e-
xilium ostende. O
clemens, O pia, O
dulcis virgo Maria

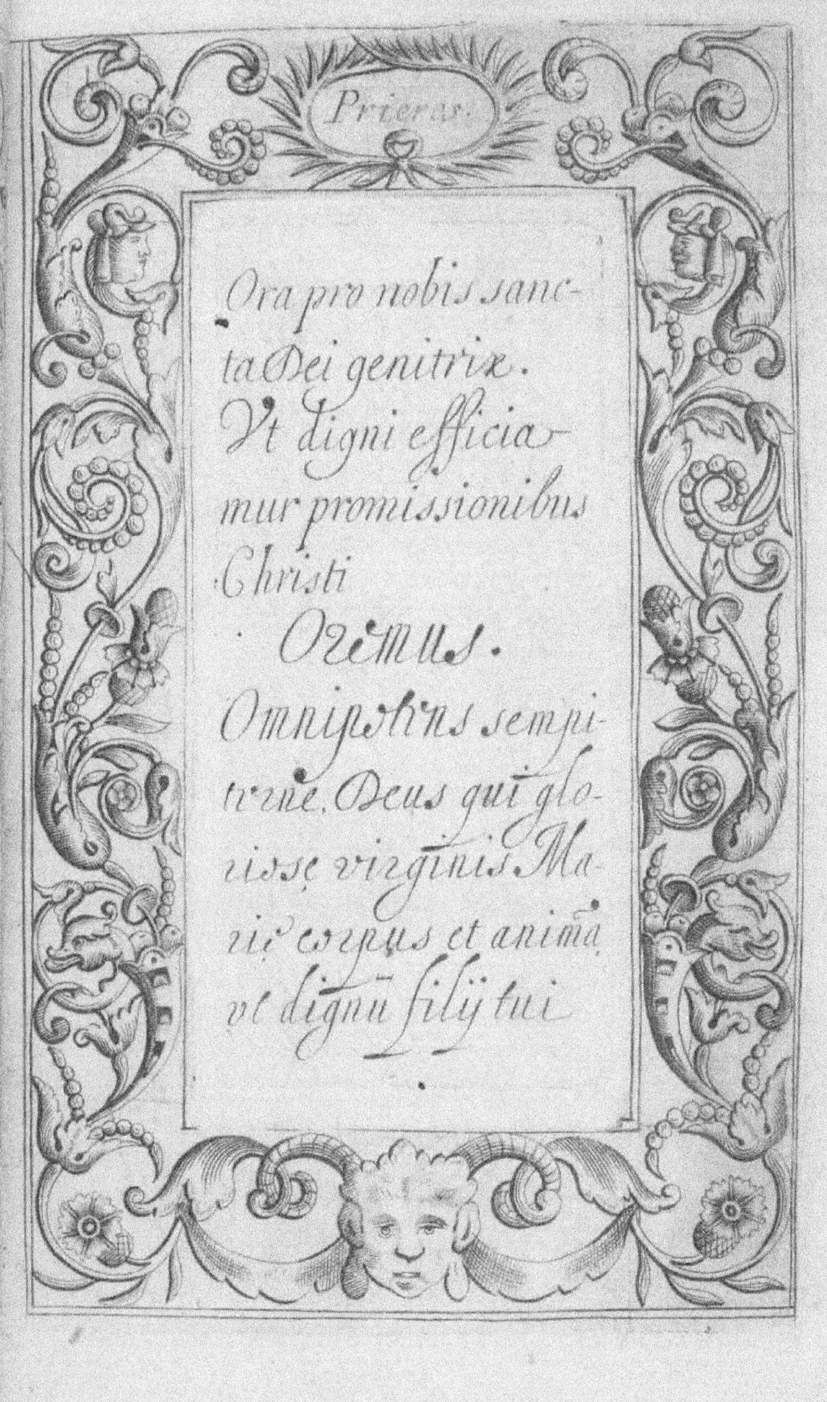

Ora pro nobis sancta Dei genitrix.
Vt digni efficiamur promissionibus Christi

Oremus.

Omnipotens sempiterne Deus qui gloriosæ virginis Mariæ corpus et animā, vt dignū filij tui

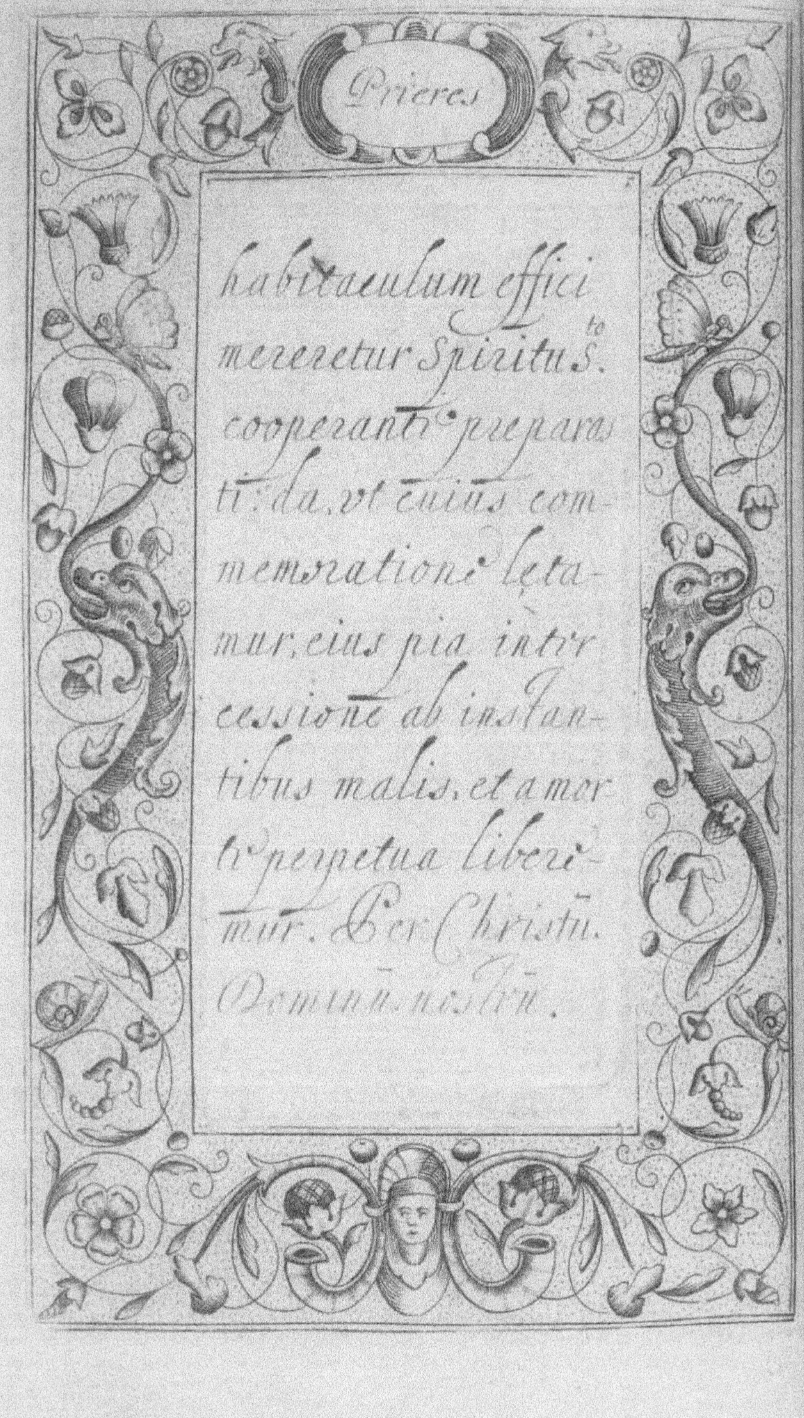

habitaculum effici mereretur Spiritu S.[to] cooperante preparasti: da, vt cuius commemoratione letamur, eius pia intercessione ab instantibus malis, et a morte perpetua liberemur. Per Christũ Dominũ nostrũ.

Prieres

Prieres
S. Joannes

Prieres
Initium Sti.
Euangelij secun-
dum Ioannem.
Gloria tibi Domine
In prĩcipio
erat verbum et ver-
bum erat apud Deũ.
et Deus erat ver-
bum. Hoc erat

Prieres
inprincipio apud
Deum. Omnia per
ipsum facta sunt,
et sine ipso factū
est nihil quod fac-
tum est. In ipso vi-
ta erat. et vita e-
rat Lux hominū:
et lux in tenebris
lucet, et tenebrę

Prieres

cam non comprehē-
derunt. Fuit homo
missus a Deo cuj
nomen erat Ioānes
Hic venit in testi-
monium
ut testimoniū phiberet
de lumine, vt om-
nes crederent per
illum. Non erat il-
le lux, sed vt te-

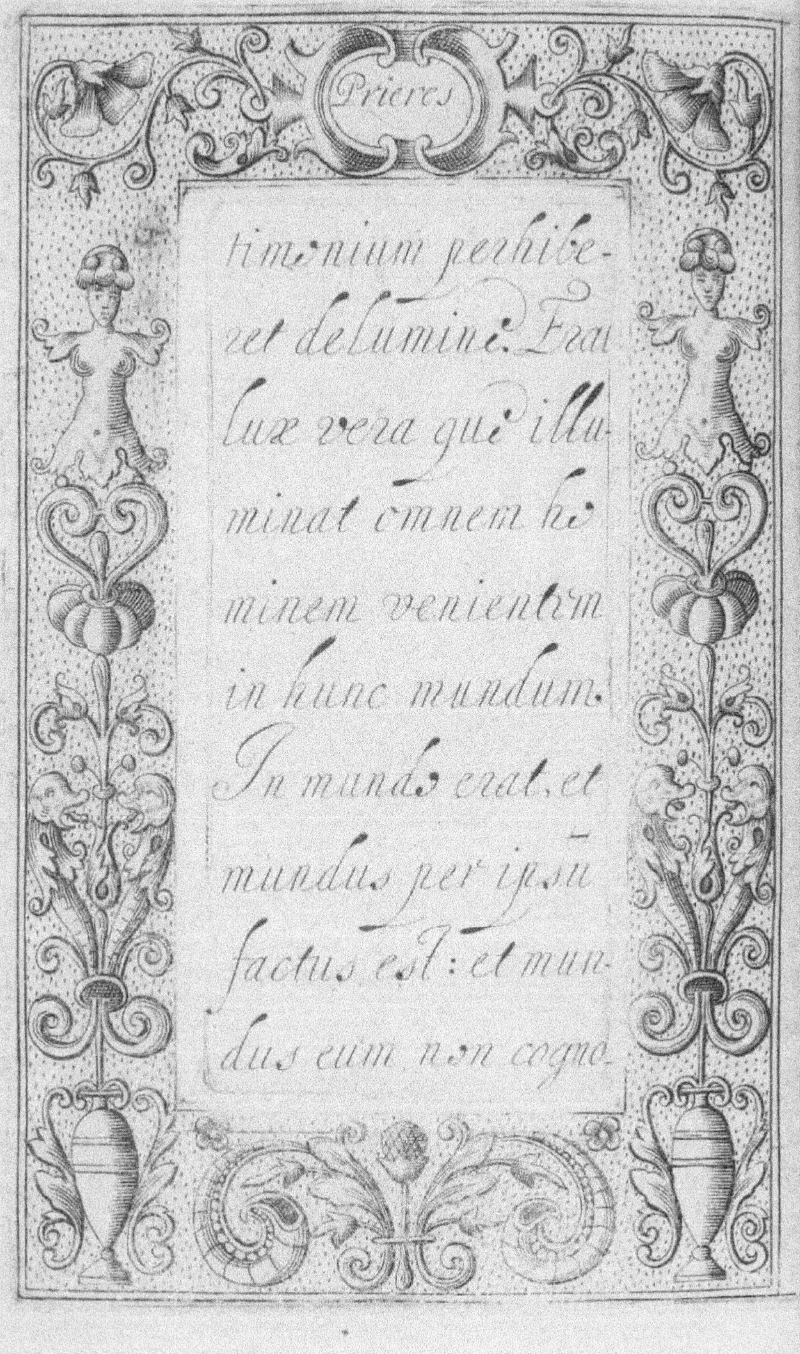

timonium perhiberet de lumine. Erat lux vera qui illuminat omnem hominem venientem in hunc mundum. In mundo erat, et mundus per ipsū factus est: et mundus eum non cognouit. In propria venit, et sui eum non receperunt. Quotquot autem receperunt eũ, dedit eis potestatē filios Dei fieri, his qui credunt in nomine eius. Qui non ex sanguinibus, neque ex vo-

luntati carnis,
neque ex volun-
tati viri, sed ex
Deo nati sunt.
Et Verbū
caro factū
est: & habita
uit in nobis: Et
vidimus gloriã
eius, gloriam qu

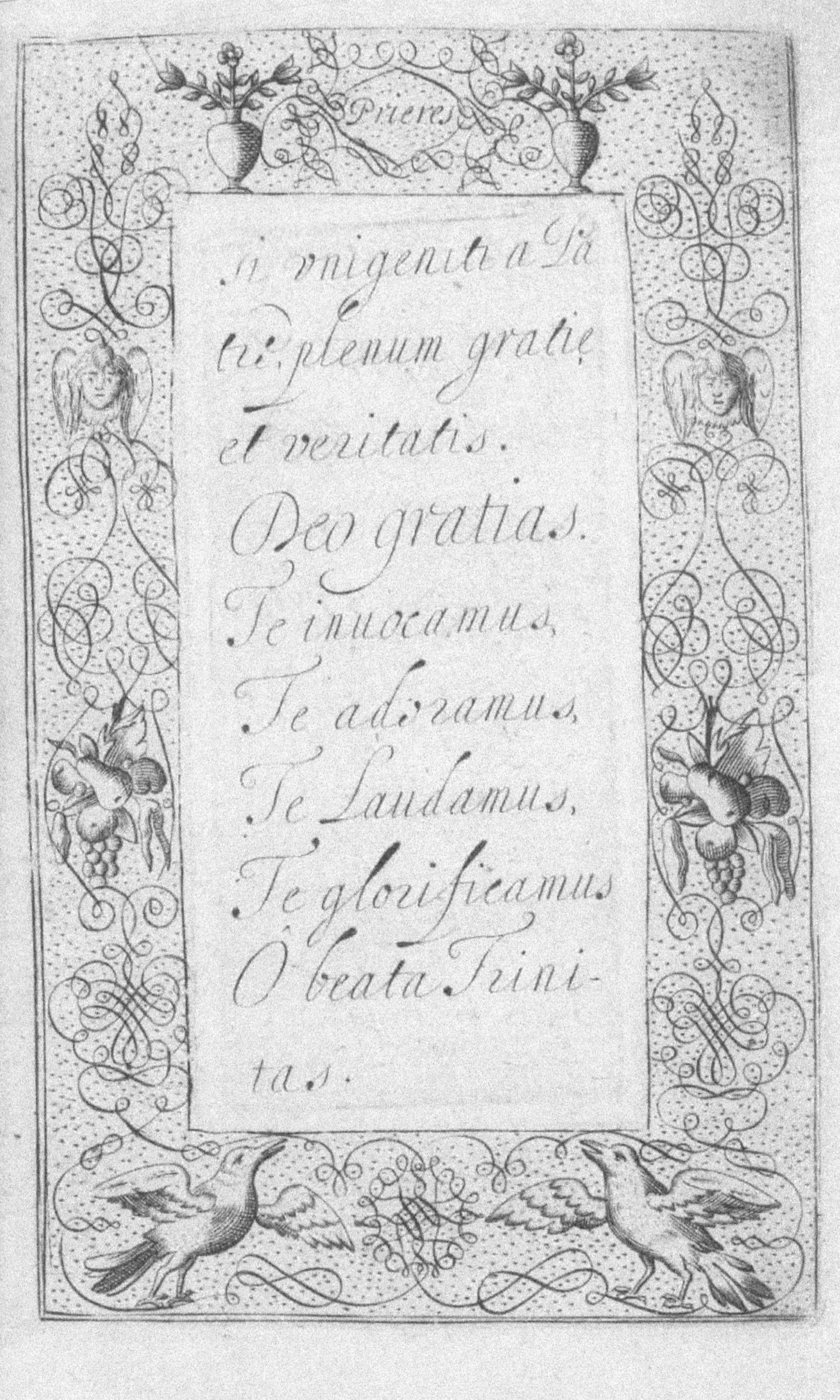

ti vnigeniti a Pa-
tri, plenum gratiæ
et veritatis.
Deo gratias.
Te inuocamus,
Te adoramus,
Te Laudamus,
Te glorificamus
Ô beata Trini-
tas.

Prieres
Sit nomen Domini benedictū. Ex hoc nunc et usque in seculū.
Oremus.
Protector in te sperantium Deus, sine quo nihil est validum, nihil sanctum, multi-

plica super nos
misericordiam
tuam, vt te recto-
re, te duce sic
transeamus per
bona temporalia,
vt non amitta-
mus æterna.
Per Dominum
nostrum Iesum.

Prieres
Christum fili-
um tuum. Qui
tecum viuit. et re-
gnat in secula
seculorum. amen

Prieres
Moreau fecit

Prieres

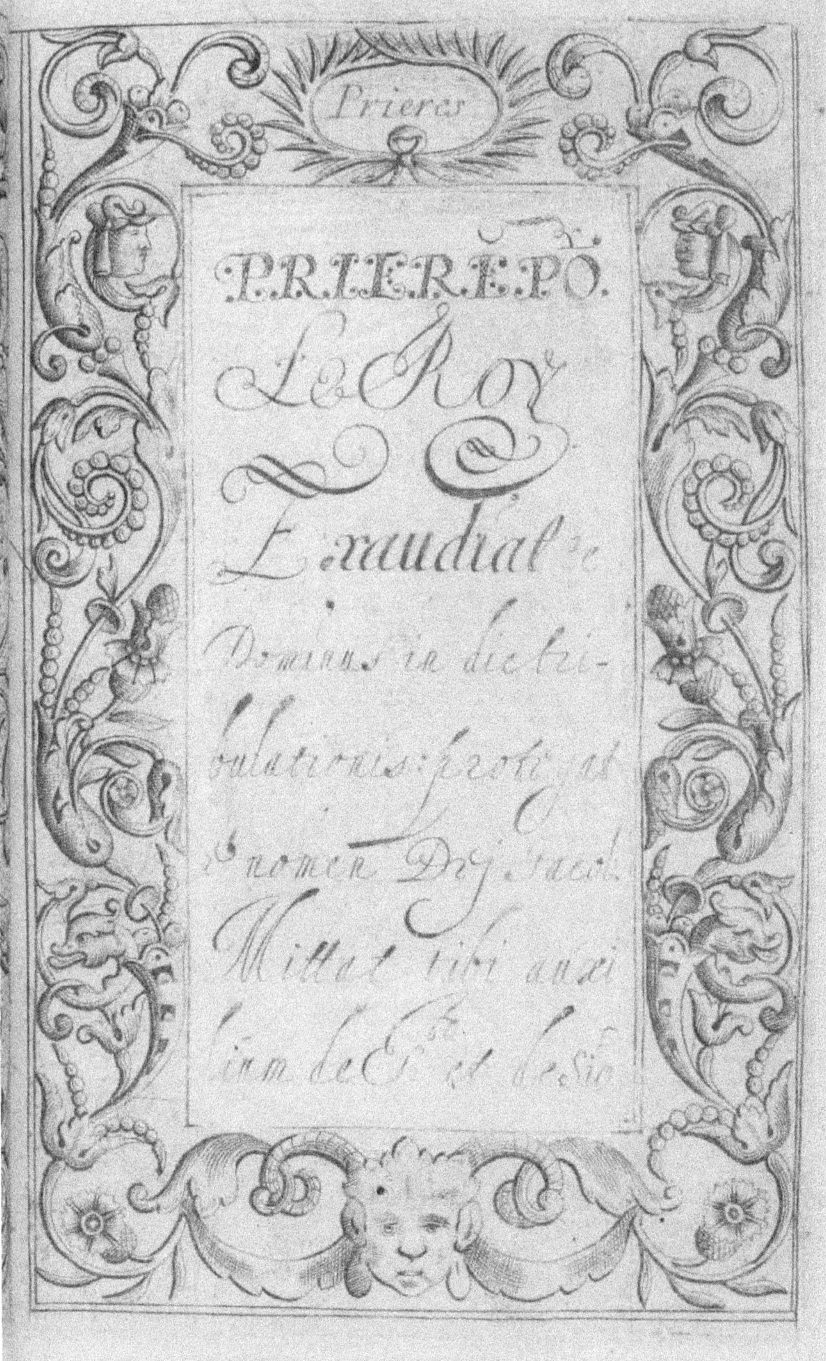
Prieres
P.R.I.E.R.E.P.O.
Le Roy
Exaudiat te
Dominus in die tri-
bulationis: protegat
te nomen Dei Jacob
Mittat tibi auxi
lium de Sancto et de Sion

Prieres

tueatur et

Memor sit omnis

sacriffficij tuj: et

holaucaustum tuū.

pingue fiat

Tribuat tibi se

cundum cor tuum:

et omne consiliū

tuum confirmet

Lætabitur in sa-
lutari tuo: et in
nomine Dei nostri
magnificabimur.
Impleat dominus
omnes petitiones
tuas: nunc cognoui
quoniam saluum fe-
cit dominus Chris-

tum suum.

Exaudiat illum de cœlo S. suo: in potentatibus salus dexteræ eius.

Hi in curribus, et hi in equis, nos autem in nomine Dñi Dei nostri inuocabim.

Prieres

Ipsi obligati sunt et ceciderunt: nos autem surreximus et erecti sumus. Domine saluum fac Regem: et exaudi nos in die qua inuocauerimus te.

Gloria Patri.

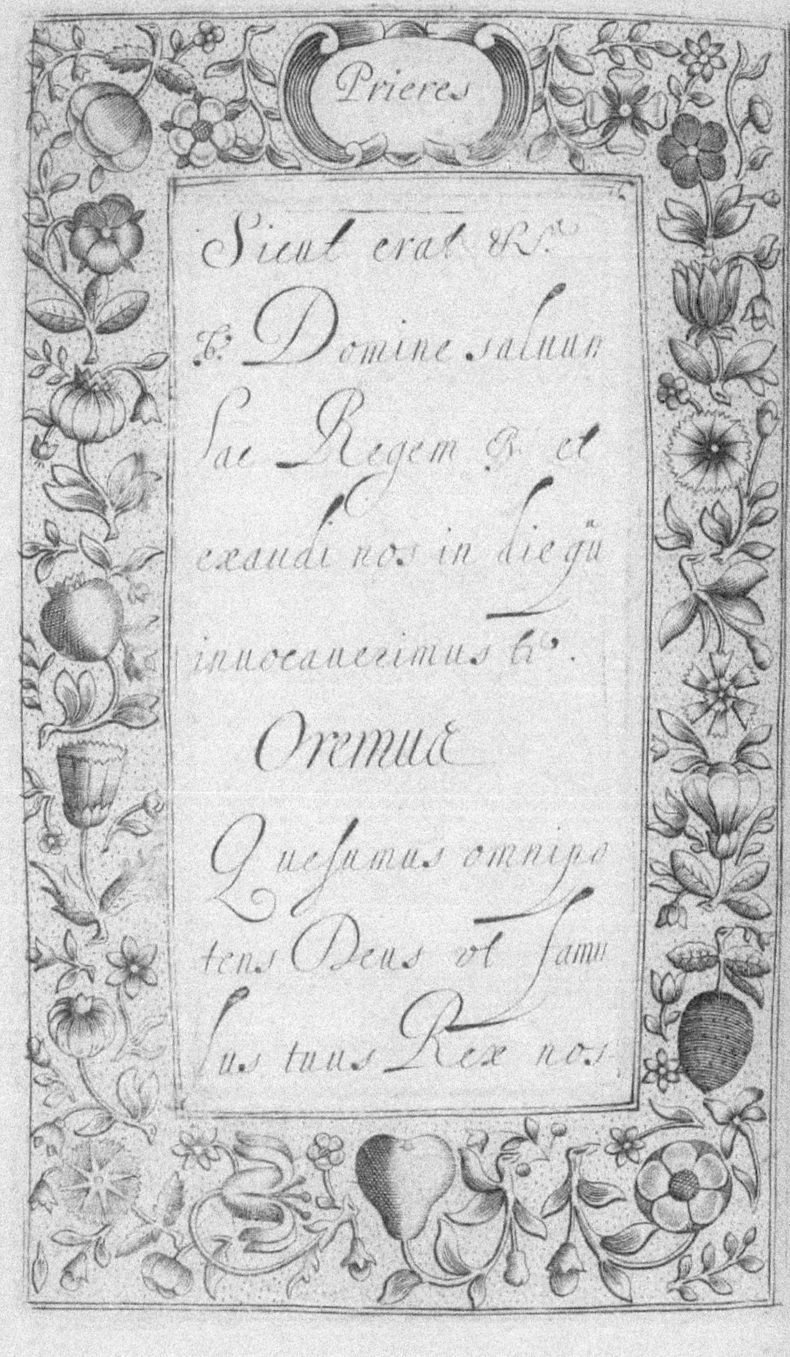

Sicut erat &c.

℣. Domine saluum fac Regem ℟. et exaudi nos in die quã innocauerimus te.

Oremus

Quesumus omnipotens Deus vt famulus tuus Rex nos-

tur Ludouicus qui
tua miseratione sus
cepit regni guberna-
cula virtutum etiã
omnium percipiat in
crementa: quibus de-
center ornatus, et
vitiorum monstra
deuitare, et hostis

Prieres

superare, et ad te qui via, veritas, et vita es gratiosus valeat pervenire. Per Christum Dominum nostrum Amen

Prieres

Prieres
Orgueil

Ensuiuent les Sept Pseaumes Penitentiaux

Ne reminiscaris

Domine, ne in furore tuo arguas me: neque in ira tua corripias me.

Miserere mei domine, quoniam infir-

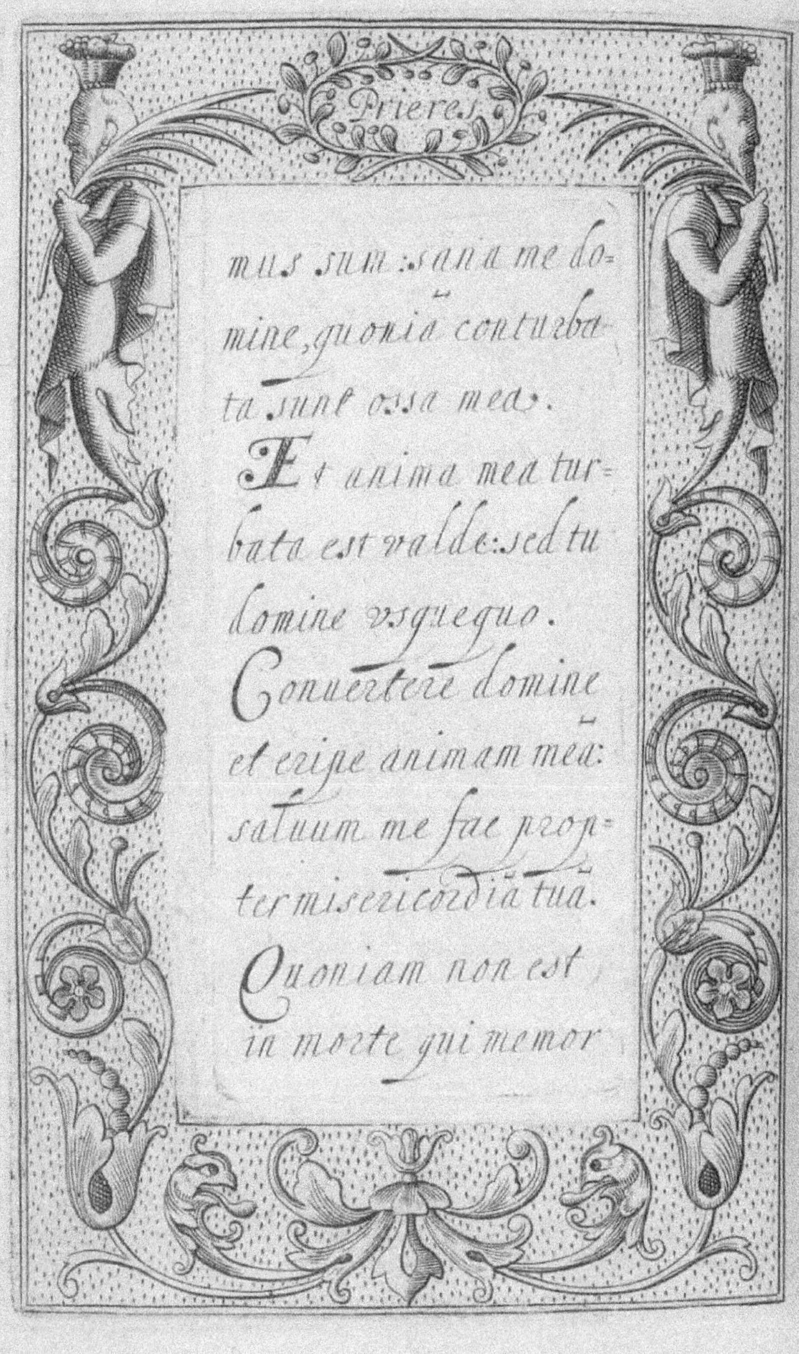

mus sum: sana me do-
mine, quoniã conturba-
ta sunt ossa mea.
Et anima mea tur-
bata est valde: sed tu
domine vsquequo.
Conuertere domine
et eripe animam meã:
saluum me fac prop-
ter misericordiã tuã.
Quoniam non est
in morte qui memor

sit tui: in inferno autem quis confitebitur tibi.

Laboraui in gemitu meo lauabo per singulas noctes lectum meum: lachrymis meis stratū meum rigabo.

Turbatus est a furore oculus meus: inueterani inter omnes inimicos meos.

Prieres
Discedite a me om-
nes qui operamini
iniquitatem: quoniã
exaudiuit dominus
vocem fletus mei.
Exaudiuit domi-
nus deprecationem
meam: dominus ora=
tionem meã suscepit.
Erubescant et con=
turbantur vehemen=
ter omnes inimici mei:

Prieres
conuertantur et eru-
bescant valde velo-
citer.
Gloria Patri.
Sicut erat.
Moreau fecit

Prieres
Paresse

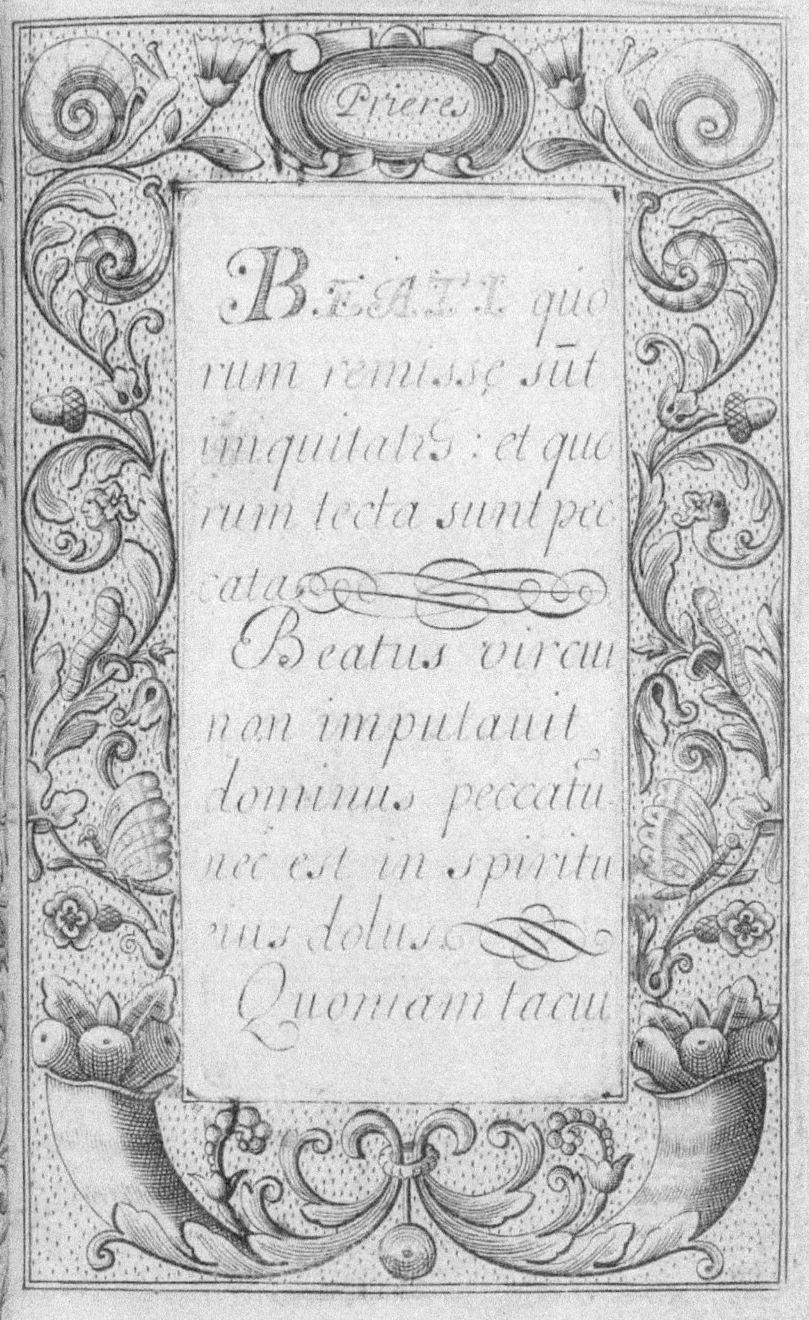

Prieres

BEATI quorum remissæ sũt iniquitates : et quorum tecta sunt peccata.

Beatus vir cui non imputauit dominus peccatũ nec est in spiritu eius dolus.

Quoniam tacui

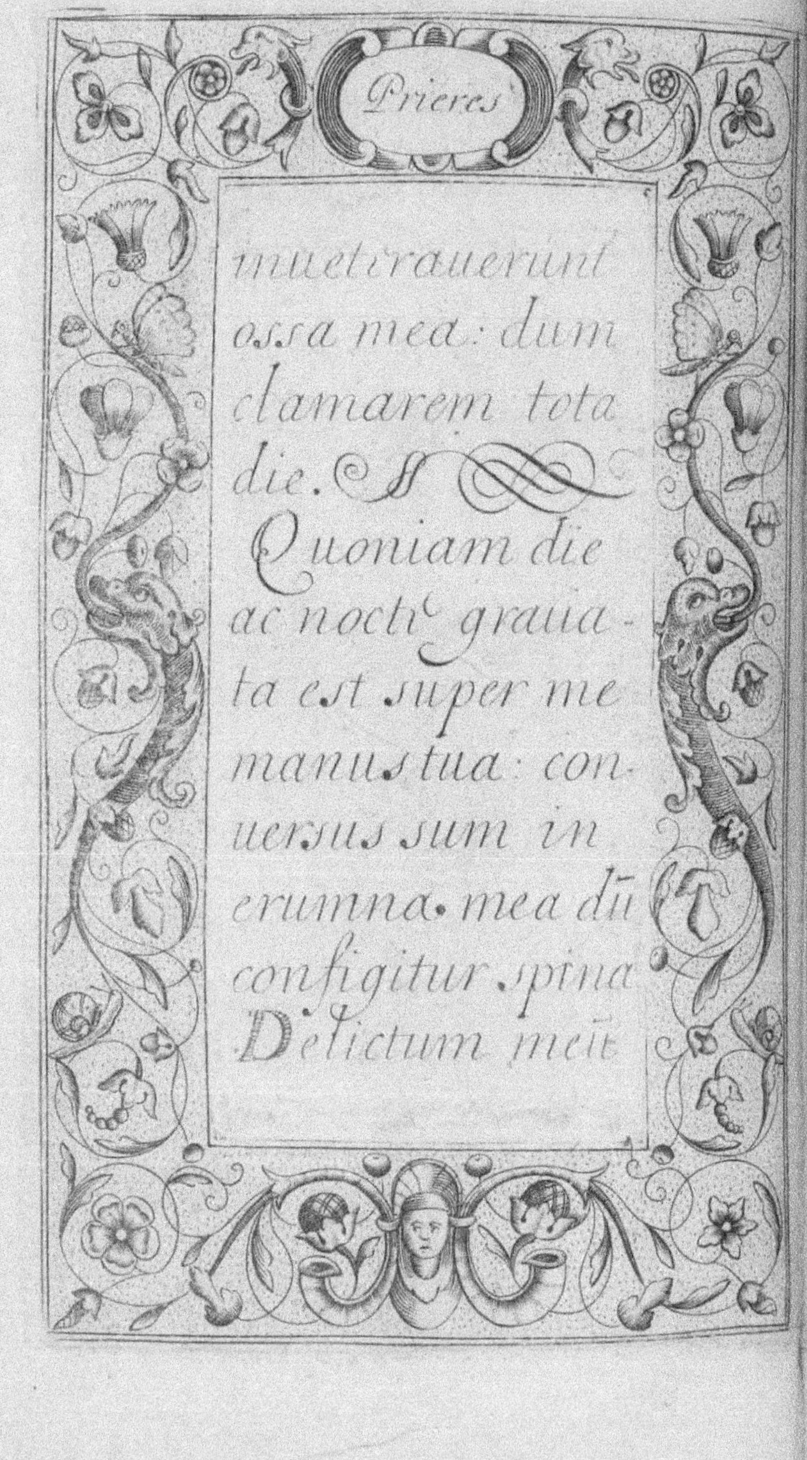

inueterauerunt ossa mea: dum clamarem tota die.

Quoniam die ac nocte grauata est super me manus tua: conuersus sum in erumnæ mea dū configitur spina. Delictum meū

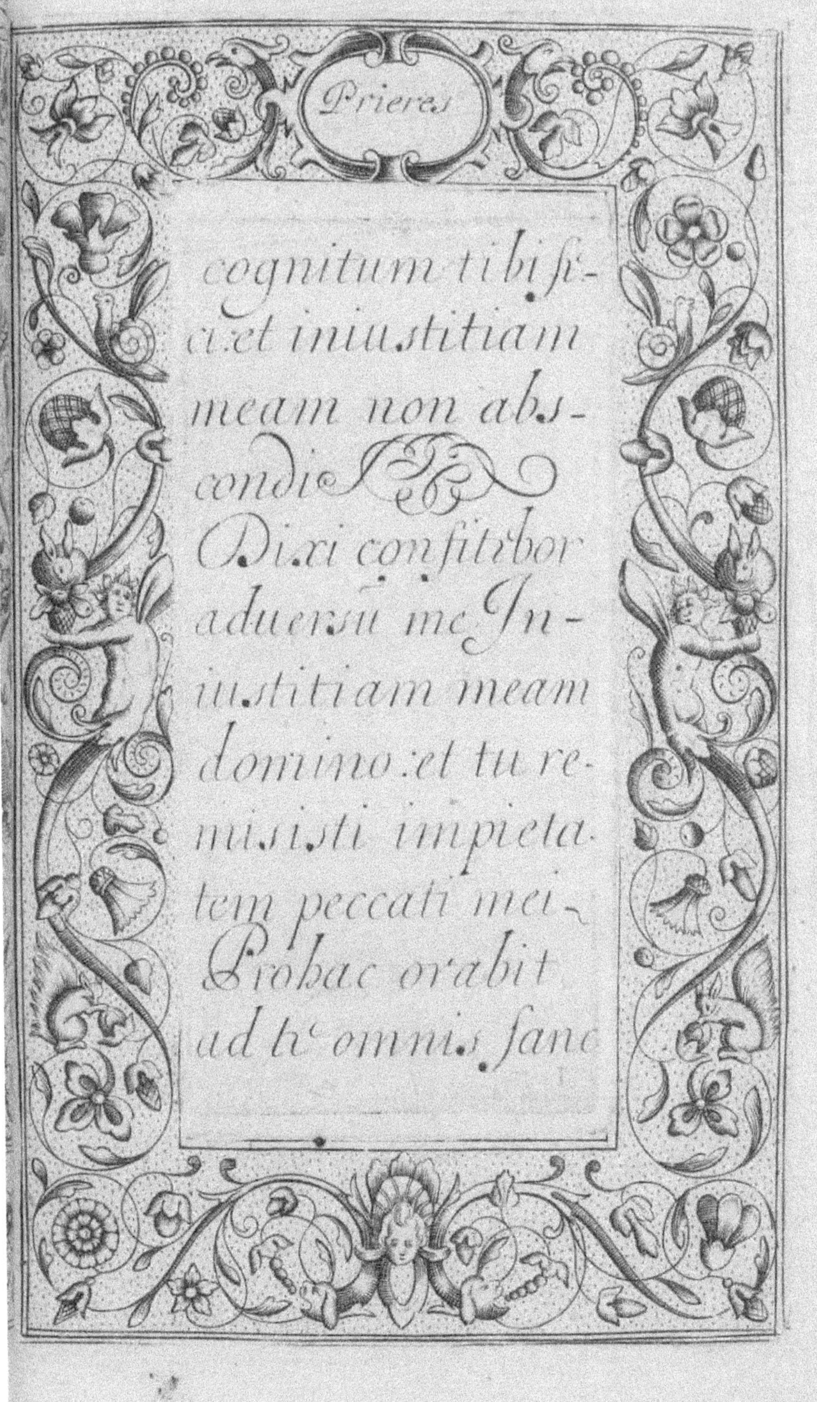

cognitum tibi fe-
ci: et iniustitiam
meam non abs-
condi.
Dixi confitebor
aduersũ me In-
iustitiam meam
domino: et tu re-
misisti impieta-
tem peccati mei.
Pro hac orabit
ad te omnis sanc

tus: in tẽpore
oportuno.

Veruntamen in
diluuio aquarũ
multarum: ad e-
um non approxi-
mabunt.

Tu es refugium
meum a tribula-
tione que circun
dedit me: exulta
tio mea erue me

a circundantibus me.

Intellectum tibi dabo et instruā te in via hac qua gradieris. Firmabo super te oculos meos.

Nolite fieri sicut equus et mulus quib. nō est intellectus.

In chamo et fre-
no maxillas eorũ
constringe, q̄ non
approximant ad
te

Multa flagel-
la peccatoris, spe-
rantem autē in
domino: miseri-
cordia circun-
dabit

Lætamini in

Prieres
domino et exul-
tate iusti: &
gloriamini om-
nes recti corde
Gloria Patri
et Filio.
Sicut erat.

Prieres
Gourmãdise

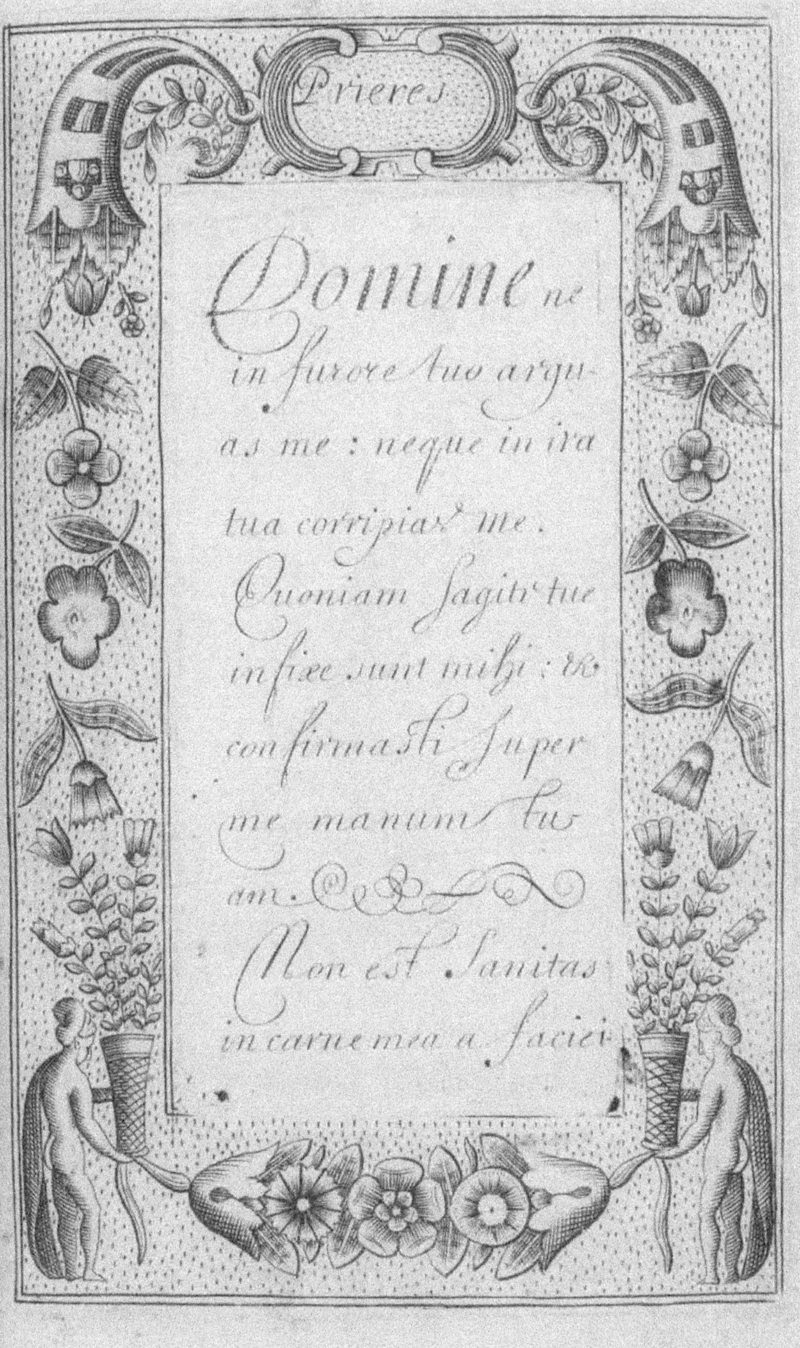

Domine ne
in furore tuo argu-
as me : neque in ira
tua corripias me.
Quoniam sagittæ tuæ
infixæ sunt mihi : &
confirmasti super
me manum tu-
am.

Non est sanitas
in carne mea a facie

Prieres
re tue non est pax
ossibus meis : a facie
peccatorum meorum.
Quoniam iniquitates
meę super gressę Sunt
caput meum : Et si-
cut onus graue gra-
uatę Sunt super
me.
Putruerunt et corrup-
tę Sunt cicatrices
meę : a facie insipi-

entię meę

Miser factus sum et curuatus sum vs que in finem tota die contristatus ingre diebar

Quoniam lumbi mei impleti sunt illusi onibus: & non est sanitas in carne mea

Afflictus sum et

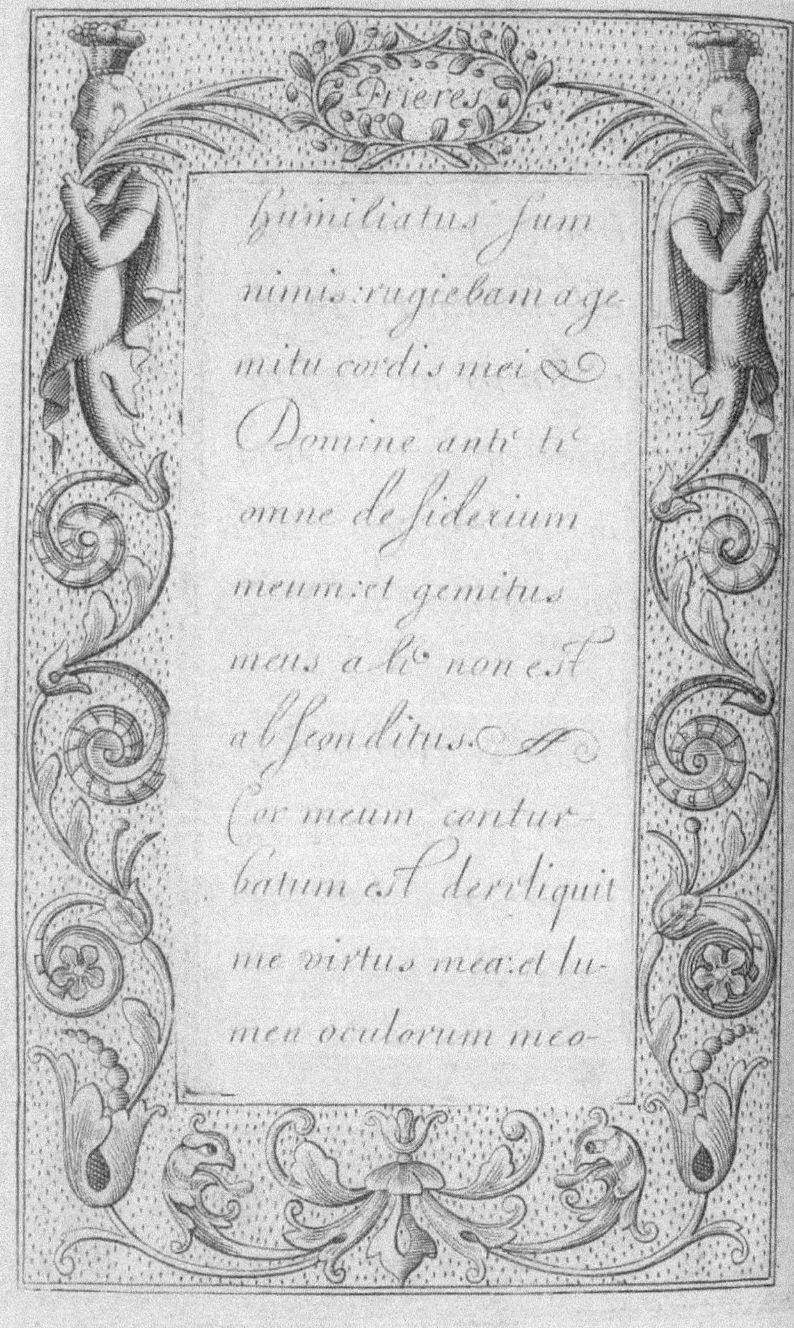

Prieres

humiliatus sum
nimis: rugiebam a ge-
mitu cordis mei.
Domine ante te
omne deſiderium
meum: et gemitus
meus a te non eſt
abſconditus.
Cor meum contur-
batum eſt dereliquit
me virtus mea: et lu-
men oculorum meo-

rum et ipsum non est mecum.

Amici mei et proximi mei: Aduersū me appropinquauerūt & steterunt.

Et qui juxta me erant de longe steterunt: & vim faciebant qui querebant animam meam.

Et qui inquire-

bant mala mihi lo-
cuti sunt vanitates:
et doloe tota die me-
ditabantur.
Ego autem tanquā
surdus non audiebā:
Et sicut mutus non
aperiens os suum.
Et factus sum
sicut homo non au-
diens et non habens
in ore suo redargu-

tionea.

Quoniam in te Domine speraui: tu exaudies me domine Deus meus.

Quia dixi nequãdo super gaudeant mihi inimici mei: & dum commouentur pedes mei super me magna locuti sunt.

Moreau fecit

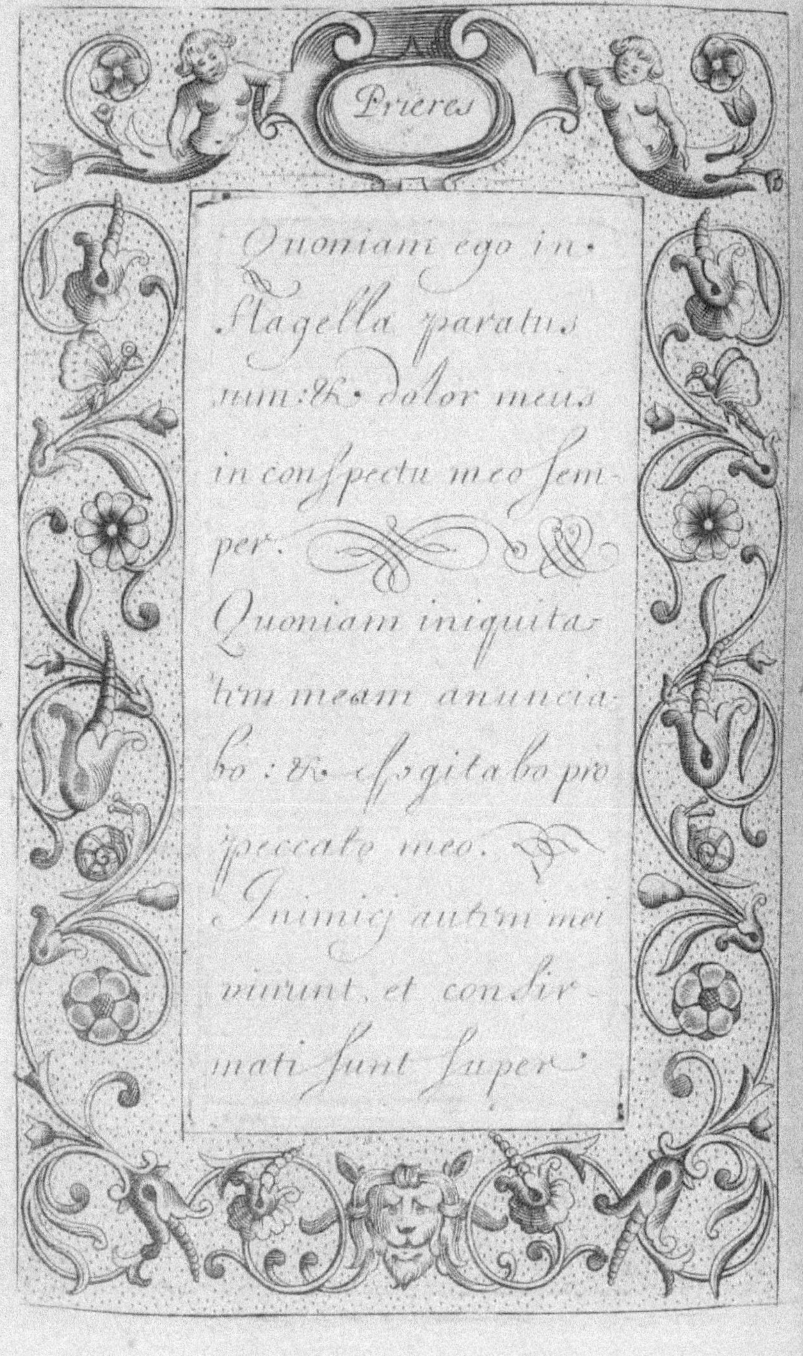

Prieres

Quoniam ego in
flagella paratus
ſum: & dolor meus
in conſpectu meo ſem-
per.

Quoniam iniquita-
tem meam anuncia-
bo: & cogitabo pro
peccato meo.

Inimici autem mei
viuunt, et confir-
mati ſunt ſuper

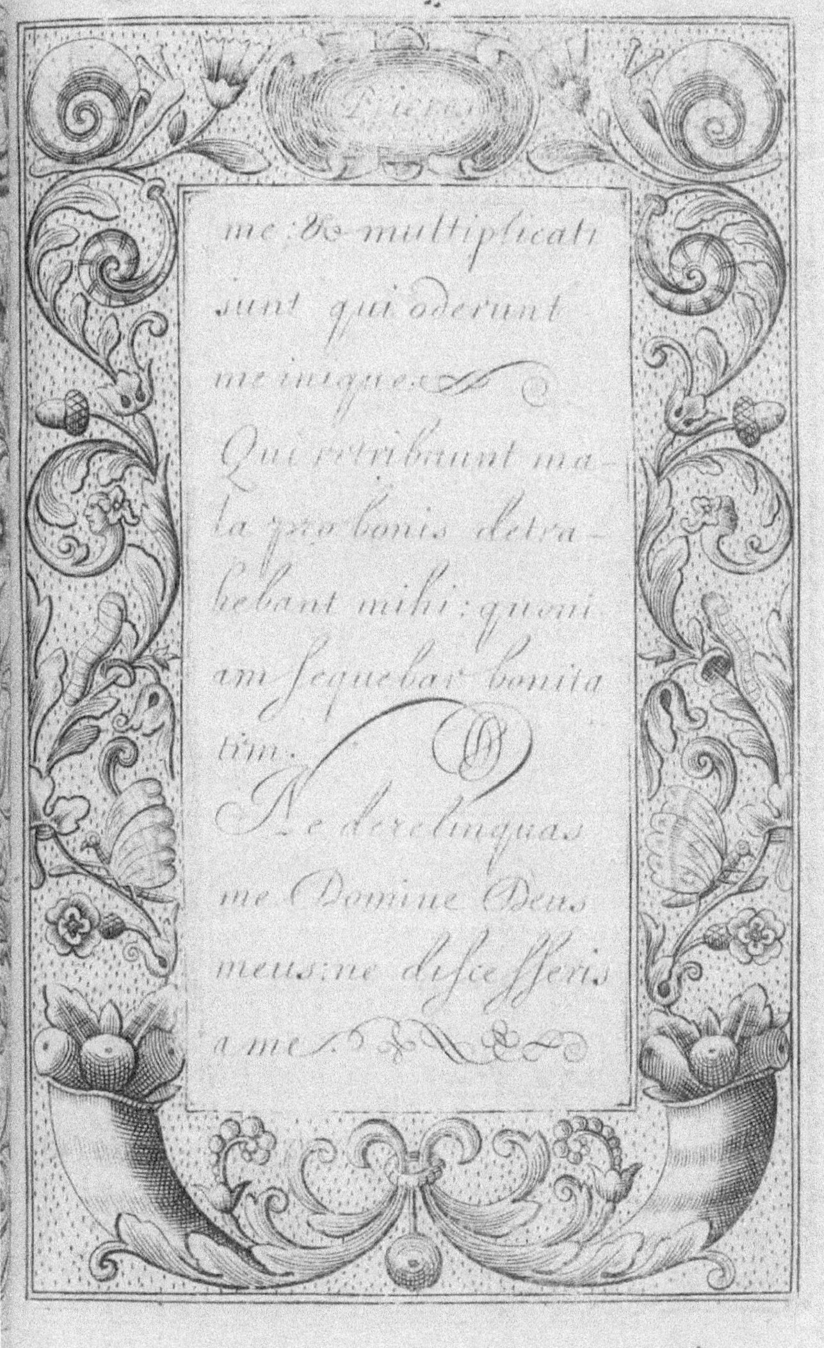

me; & multiplicati
sunt qui oderunt
me inique.
Qui retribuunt ma-
la pro bonis detra-
hebant mihi; quoni
am sequebar bonita
tim.
Ne derelinquas
me Domine Deus
meus: ne discesseris
a me.

Prieres
Intende in adjuto
rium meum: Domi
ne Deus salutis
meæ.
Gloria Patri.
Sicut erat &c.
P. M.

Prieres

Priere
Luxure

Prieres
Miserere
mei Deus: Secun-
dum magnam mi
sericordiam tu
am:
Et Secundum
multitudinem
miserationum.

tuarum: dele i
niquitatem mea.
Amplius laua
me ab iniquitate
mea et a pecca
to meo munda
me. 8
Quoniam jni
quitatem meam

ego et cognosco.
et peccatum mi
um contra me
est semper:
Tibi soli pec-
cavi, et malum
coram te feci; ut
iustificeris in
sermonibus et

vincas cum iu
dicaris.

Ecce enim in
iniquitatibus
conceptus sum:
et in peccatis
concepit me Ma
ter mea.

Ecce enim veritatem dilexisti: incerta, et occulta sapientiæ tuæ manifestasti mihi.

Asperges me domine hyssopo et mundabor: lavabis me, et su-

per niuem de
albabor.
Auditui meo
dabis gaudium
et letitiam: et
exultabunt os-
sa humiliata.
Auerte faciẽ
tuam a peccatis

meis: et omnes
iniquitates me-
as dele.

Cor mundum cre-
a in me Deus:
et Spiritum rec-
tum in noua in
visceribus meis
Ne proijcias me

a facie tua: Et
spiritum sanc-
tum tuum ne au
feras a me.
Redde mihi lę
titiam salutaris
tui: et spiritu
principali con-
firma me

Prieres

Docebo iniquos
vias tuas: et im-
pij ad te conuer-
tentur.
Libera me de
sanguinibus De-
us Deus salutis
meæ: et exaltabit
lingua mea ius-

Prieres

titiam tuam

Domine labia mea aperies: et os meum annuciabit laudem tuam.

Quoniam si voluisses sacrificiũ dedissem utiquẽ

Prieres

holaucaustis non delectabe=ris.

Sacrificium Deo spiritus contribulatus cor contritũ et humiliatum Deus nõ despiciis

Moreau fecit

Benigne fac Do
mine in bona vo
luntate tua Siō
vt edificentur
muri Hierusalē
Tunc accepta
bis sacrificium
iustitie, oblatio-
nes. Holocausta

Prieres
tunc imponent
super altare tu
um vitulos.
Gloria patri.
Sicut erat.

Prieres
Enuie

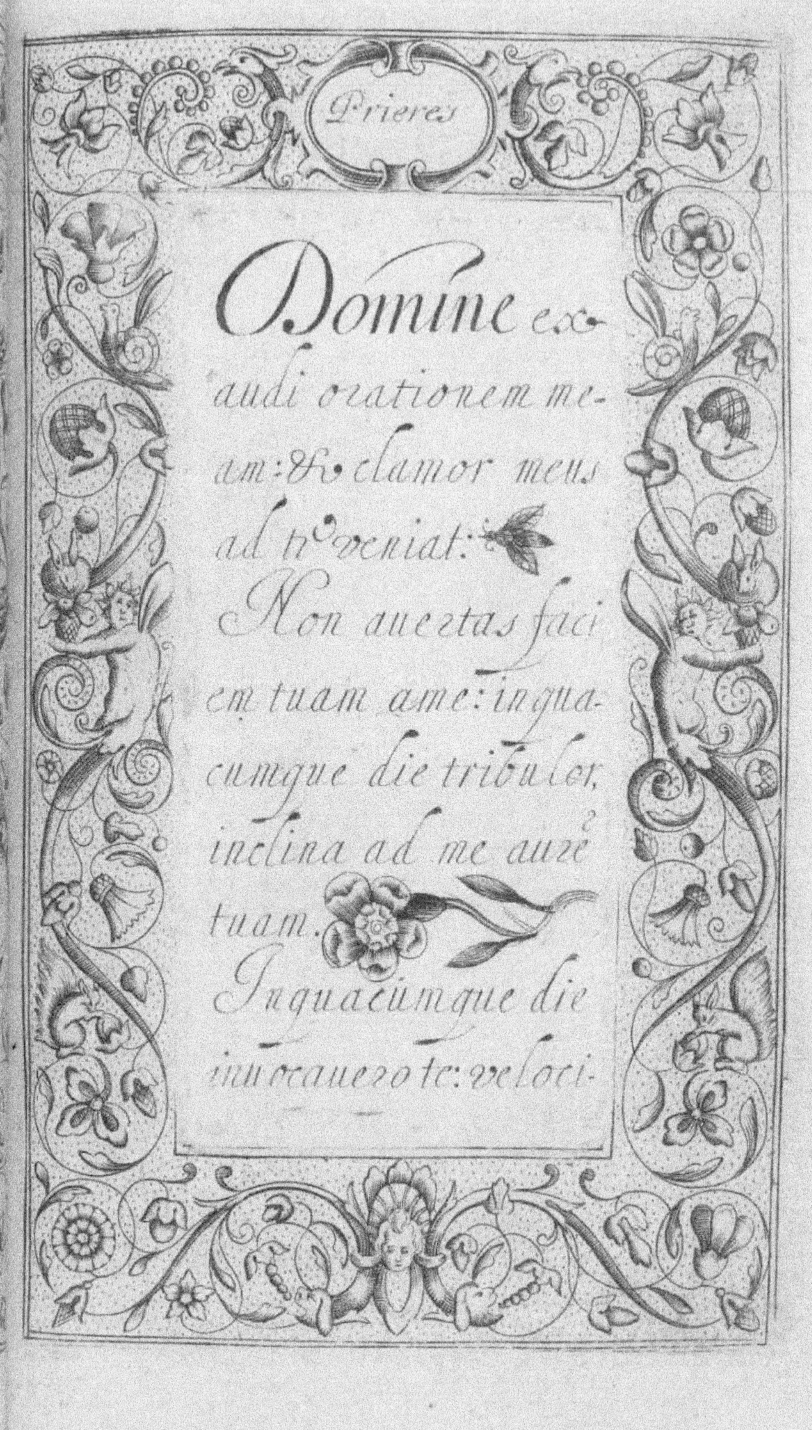

Domine ex-
audi orationem me-
am: & clamor meus
ad te veniat:
Non auertas faci
em tuam a me: in qua-
cumque die tribulor,
inclina ad me aurē
tuam.
In quacūmque die
inuocauero te: veloci-

ter exaudi me.

Quia defecerunt sicut fumus dies mei: et ossa mea sicut cremium aruerunt.

Percussus sum vt fœnum, et aruit cor meum: quia oblitus sum comedere panem meum.

A voce gemitus mei adhesit os meum car-

nis meę.

Similis factus su pellicano solitudinis: factus sum sicut nicticorax in domicilio.

Vigilaui: et factus sum sicut passer solitarius in tecto.

Tota die exprobrabant mihi inimi-

ci mei: et qui lauda
bant me aduersum
me iurabant.

Quia cinerem tan-
quam panem mandu
cabam: et potum cum
fletu miscebam.

A facie irę et indi-
gnationis tuę: quia
eleuans alisisti me.

Dies mei sicut um-
bra declinauerunt.

Prieres

et ego sicut fœnum
arui.
Tu autem domine in
æternum permanes:
et memoriale tuum
in generatione, et ge-
nerationem.
Tu exurges dñe mise-
reberis Sion: quia
tempus miserendi
eius quia venit tem-
pus.

Quoniam placue-
runt seruis tuis la-
pides eius: et terrę
eius miserebuntur
& timebunt gentes
nomen tuum domine:
et omnes reges terrę
gloriam tuam.
Quia ędificauit do-
minus Sion: et vide-
bitur in gloria sua.
Respexit in ora-

tionem humilium: et non sprevit precem eorum.

Scribantur hec in generatione altera: et populus qui creabitur laudabit dominum.

Quia prospexit de excelso sancto suo: Dominus de celo in terra aspexit.

Ut audiret gemitus compeditorum: ut solueret filios interemptorum.
Ut annunciant in Sion nomen Domini et laudem eius in Ierusalem.
Inconueniendo populos in vnum: et Reges ut seruiant Domino.
Respondit ei in via

virtutis suæ paucita-
tem dierum meorum
nuncia mihi.

Ne reuoces me in
dimidio dierum me-
orum: in generatione
et generationem an-
ni tuj.

Initio tu Domine
terram fundasti: et
opera manuum tua-
rum sunt Cœli.

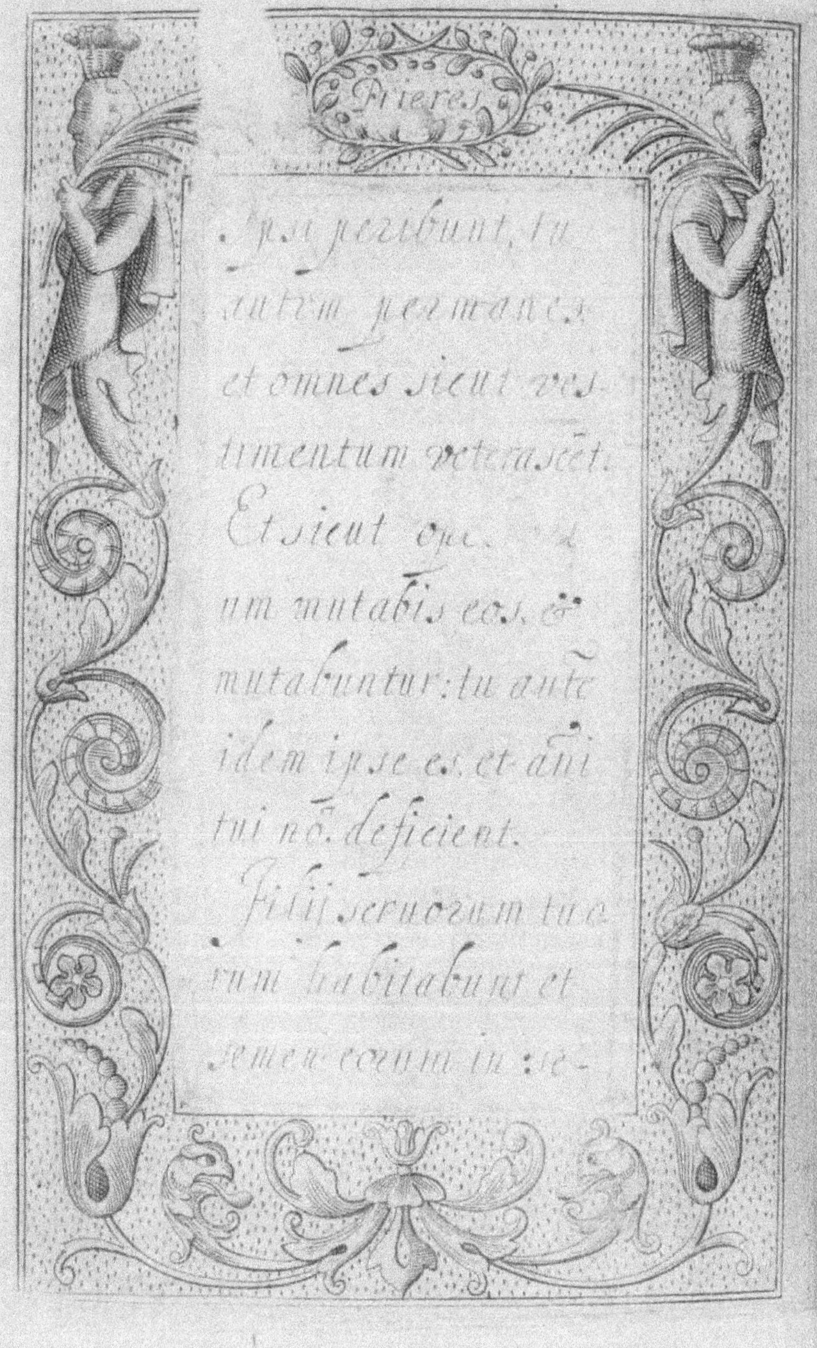

Ipsi peribunt, tu
autem permanes:
et omnes sicut ves-
timentum veterascet.
Et sicut ope[illegible]
um mutabis eos, &
mutabuntur: tu autē
idem ipse es, et anī
tui nō deficient.
Filii servorum tuo-
rum habitabunt et
semen eorum in se-

Prieres
culum dirigetur.
Gloria Patri.
Sicut erat

Prieres
Ire

Prieres

DE pro-
fundis cla
maui ad te
domine: do-
mine exaudi
vocem meam

Moreau fecit

Fiant aures tuæ intendentes: in vocem deprecationis meæ.

Si iniquita-

lis obserua-
ueris domi-
ne: domine
quis sustine-
bit.

Qui apud te

ꝓpitiatio
est: & ꝓp
ter legem tuā
sustinui te
domine
Sustinuit a

Prieres

nima mea in
verbo eius spe
ravit anima-
mea in domi
no.

A. custodia

matutina v-
que ad nocte
speret Jsra-
el in domino.
Qui apud do-
minu̅ misericor.

dia, et copio
sa apud ẽu
redemptio.
Et ipse re-
dimet Isra-
el ex omni-

bus iniqui-
tatibus e-
ius.
Gloria Patri.
Sicut erat.

Prieres

Prieres
Auarice

Domine exaudi orationē meam, auribus percipe obsecrationem meam, in Veritate tua: exaudi me in tua iustitia.

Et non intres in iudicium cum ser-

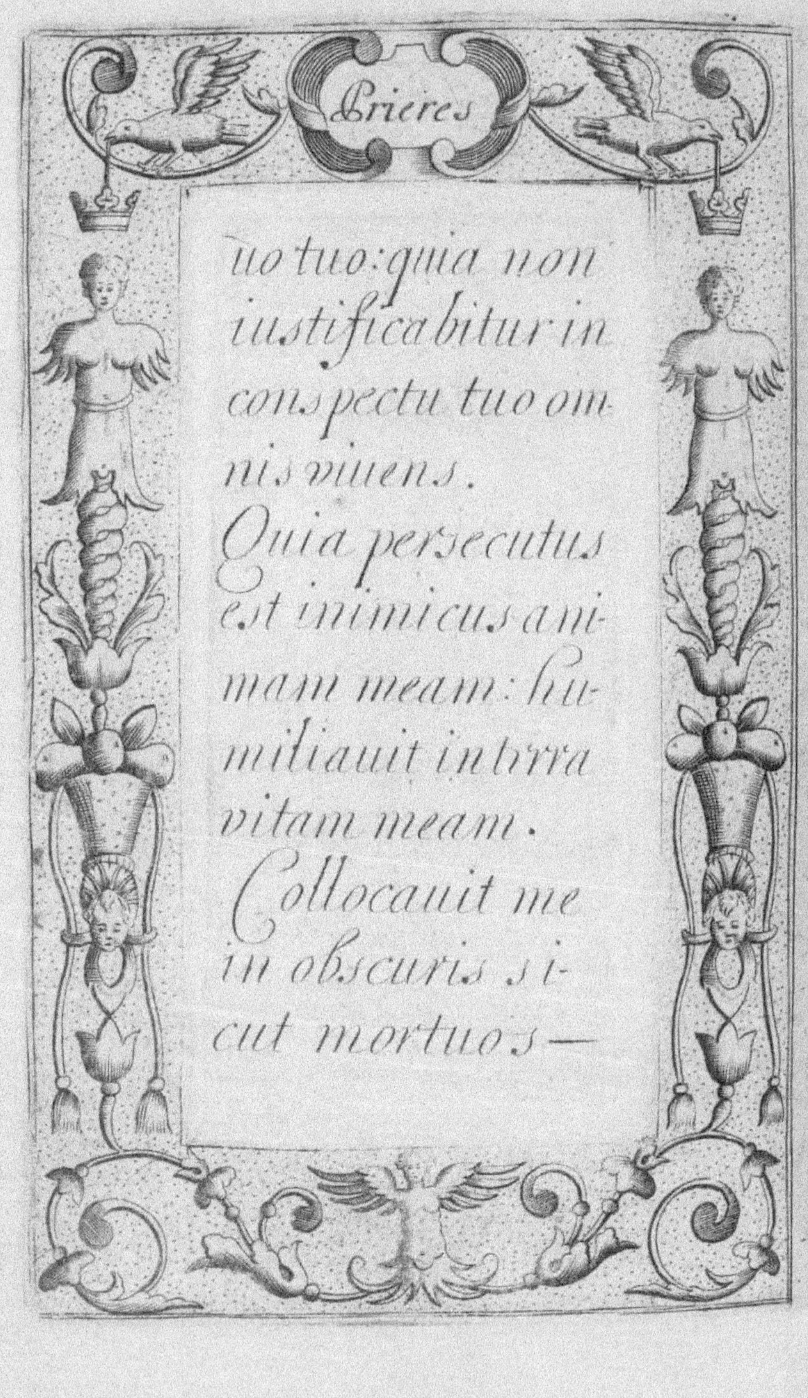

uo tuo: quia non iustificabitur in conspectu tuo omnis viuens.

Quia persecutus est inimicus animam meam: humiliauit in terra vitam meam.

Collocauit me in obscuris sicut mortuos—

seculi: & anxiatus est super me spiritus meus, in me turbatum est cor meum.

Memor fui dierum antiquorum meditatus sũ. in omnibus operib? tuis: et in factis manuum tuarũ.

meditabar.
Expandi manus
meas ad te: anima
mea sicut terra si-
ne aqua tibi.
Velociter exau
di me Domine
defecit spiritus
meus.
Non auertas fa
ciem tuā a me: et
similis ero descen

dentibus in Lacum.

Auditam fac mihi mane misericordiam tuam: quia in te speraui.

Notam fac mihi viam in qua ambulē: quia ad te leuaui animā meam.

Eripe me de ini-
micis meis Do-
mine ad te con
fugi: doce me fa
cere voluntatem
tuam quia Deus
meus es tu.
Spiritus tuus bo
nus deducet me
in terram rectam
propter nomen tu-
um domine vivi-

Prieres
Sicabis me in æquitate tua.
Educes de tribulatione animā meam: Et in misericordia tua disperdes omnes inimicos meos.
Et perdes omnes, qui tribulant animā meā: quo-
Moreau fecit

Prieres
niam ego Seruus
tuus sum.
Gloria Patri.
Sicut erat.
Ant. Reminiscaris
Domine delicta &c.

Prieres

Prieres
Les Lita
nies des SS
KYRIE
eleison
Christe eleison
Kyrie eleison.
Christe audi nos.

Prieres
Christe exaudi nos.
Pater de cęlis Deus.
Filij redemptor mundi Deus.
Spiritus Sanctus Deus.
Sancta Trinitas. vnus Deus.
Miserere nobis
S.ta Maria Ora p. nō.

Prieres
Sancta Dei genitrix.
S. Virgo virginum.
Sᵗᵉ Michael.
S. Gabriel.
S. Raphael.
Omnes Sancti
Angeli & Ar-
changeli Dei.
Omnes Sᵗⁱ beato-
rum spirituum
ordines.
ora pro nobis
orate pro nobis

Prieres
S. Joannes Bap-
tista & ora
Omnes S.ti Patriar-
chæ & Prophetæ
Dei. Orate pro nob.
S. Petre.
S. Paule
S. Andrea
S. Jacobe
S. Joannes.
S. Thoma
Ora pro nobis

Prieres
S. Iacobe.
S. Philippe.
S. Bartholomee.
S.te Matthee.
S. Simon.
S. Thadee.
S. Matthia.
S. Barnaba.
Sancti Luca
S. Marce.
Omnes Sancti
ORA. PRO NOBIS

Priers
Apostoli et Euangelistæ Dei.
Omnes Sancti discipuli Dni.
Omnes Sancti Innocentes
S. Stephane.
S. Laurenti.
S. Vincenti.
S. Fabiane et Sebastiane orate
Ora pro nobis
orate pro nobis

S. Ioannes et Paule.

S^ti Cosma et Damiane.

S. Geruasi et Prothasi.

Omnes S^ti Martyres.

Orate pro nobis.

S. Syluester.

S. Gregori.

S. Ambrosi.

Ora pro nob.

Prieres
S. Augustine.
S. Hieronyme.
S. Martine.
S. Nicolae.
Ora pro nobis
Omnes Sancti
Pontifices, et Con-
fessores.
Omnes Sancti
Doctores.
Orate pro nobis
S. Antoni.
S. Benedicti
ora.
140

Prieres
S. Bernarde
S. Dominice
S. Francisce
Omnes S.ti
Sacerdotes &
Leuitæ.
Omnes Sancti
Monachi &
Eremitæ
Sancta Maria
Magdalena. Ora
ora pro nob.
orate p nobis
L. M.

Prieres
S. Agatha.
S. Agnes.
S. Lucia.
S. Cecilia
S. Catharina
S. Anastasia.
ora pro nobis.
Omnes Sctæ Virgi
nes et viduę. orate
pro nobis.
Omnes Sti et Stæ Dei
intercedite p. nobis.

Prieres
Propitius esto.
parce nobis Dn̄e.
Propiti. esto exau
di nos Domine
Ab omni ma
lo.
Ab omni pec-
cato.
Ab ira tua.
A subitanea
et improuisa morti.
Libera nos Dn̄e.

Ab insidijs di-
aboli.
Ab ira et odio,
et omni mala vo-
luntate.
A spiritu forni-
cationis.
A fulgure &
tempestate.
A morte perpe-
tua.

Libera nos Domine

Prieres
Per misterium
Sanctę incarna-
tionis tuę.
Per aduentum
tuum
Per natiuitatē
tuam.
Per baptismū
& Sanctum je-
iunium tuum.
Per crucem &
LIBERA NOS DNE

Prieres
passionem tuã.
Per mortem, &
sepulturam tuã.
Per Sanctam re-
surrectionem
tuam.
Per admirabi-
lem ascensio-
nem tuam.
Per aduentum
spirit.⁹ S.ti paracliti.
Libera nos Domine
Moreau fecit

Prieres
In die judicij li-
bera nos Domine.
Peccatores.
Ut nobis par-
cas.
Ut nobis in-
dulgeas.
ut ad vera pe-
nitentiam nos
perducere digne-
ris.
Te rogamus audi nos

Prieres

Vt Ecclesiam
tuam sanctam
regere, et conser-
uare digneris.
Vt domnum A-
postolicum &
omnes Ecclesi
asticos ordines
in sancta religi-
one conseruare
digneris.

Te rogamus audi nos.

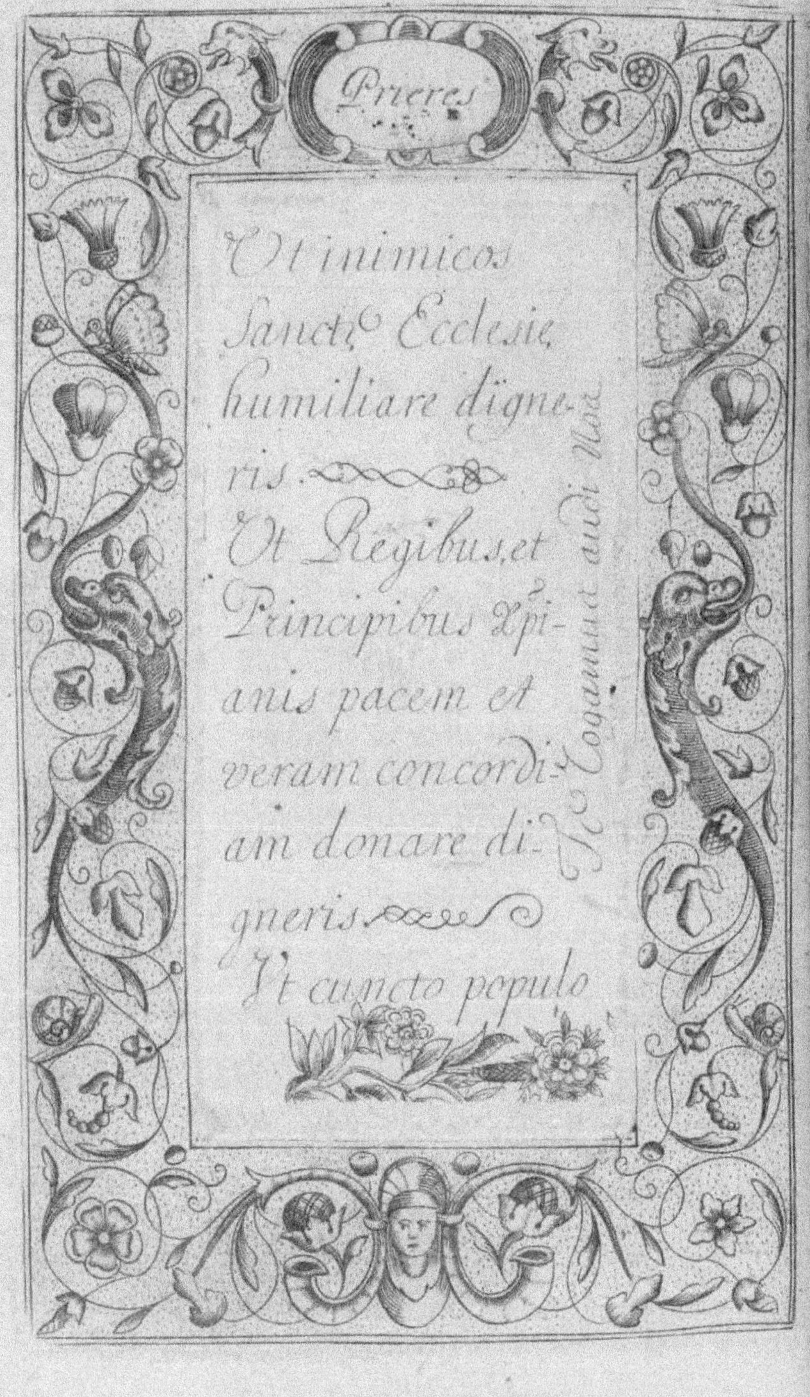

Prieres

Ut inimicos
Sanctæ Ecclesiæ
humiliare digne-
ris.
Ut Regibus et
Principibus Xpi-
anis pacem et
veram concordi-
am donare di-
gneris.
Ut cuncto populo

Te rogamus audi nos.

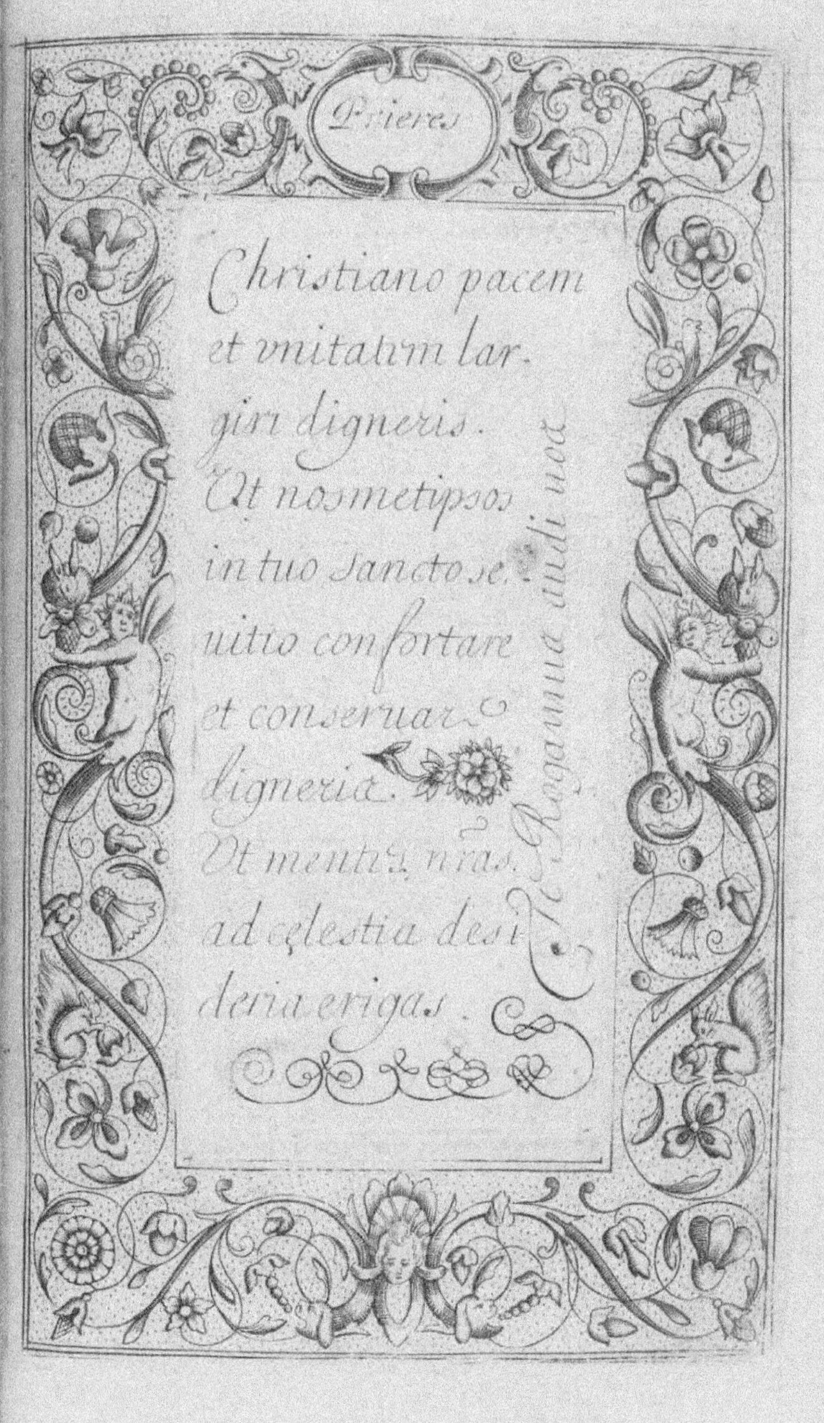

Christiano pacem
et vnitatem lar-
giri digneris.
Vt nosmetipsos
in tuo sancto se-
uitio confortare
et conseruare
digneris.
Vt mentes nras.
ad cęlestia desi
deria erigas.

Te Rogamus audi nos

Prieres
Ut omnibus benefactoribus nostris sempiterna bona retribuas
Ut animas nostras fratrum propinquorum, et benefactorū nostrorum, ab æterna damna-
Te rogamus audi nos

tione eripias.

Vt fructus terrę dare et conseruare digneris.

Vt omnibus fidelibus defunctis requiem ęternam donare digneris.

Vt nos exaudire digneris.

Te rogamus audi nos.

Prieres

Fili Dei Te roga-
mus audi nos.
Agnus Dei qui
tollis peccata mũ-
di. Parce nobis
Domine.
Agnus Dei qui
tollis peccata mũ-
di. Exaudi nos
Domine.
Agnus Dei qui

Priers

tollis peccata mūdi. Miserere nobis.
Christe audi nos.
Christe exaudi nos.
Kyrie eleison.
Christe eleison.
Kyrie eleïson.
Pater noster.

DEVS in adjutorium meũ intende Domine ad adiuuendum me festina.

Confundantur et reuerantur qui querunt animam

meam.

Auertantur retrorsum et erubescant qui volunt mihi mala.

Auertantur statim erubescentes qui dicunt mihi euge euge.

Exultent et letētur in te omnes qui querunt te

et dicant semper
Magnificetur
Dominus qui di-
ligunt salutare
tuum.
Ego vero egenus
et pauper sum
Deus adjuva
me.
Adiutor meus et
liberator meus ē
tu dñe ne moreris

Prieres

Gloria Patri et
Filio. &c.
Saluos fac ser-
uos tuos.
Deus meus spe-
rantes in te.
Esto nobis Dñe
turris fortitudi-
nis.
A facie inimici.
Nihil ꝓficiat ini
micus in nobis.

Et filius iniquitatis non apponat nocere nobis.

Domine non secundum peccata nostra facias nobis.

Neque secundũ iniquitates nr̃as retribuas nobis.

Oremus pro põtifice nostro.

Prieres
Dominus con-
seruet eum et vi-
uificet eũ et bea-
tum faciat eum
in terra et non
tradat eum in
animam inimi
corum eius.
Oremus pro be-
nefactoribus nos-
tris.
Retribuere di-

gnare Domine omnibus nobis bona facientibus propter nomen tuum vitam eternam.

Oremus pro fidelibus defunctis.

Requiem eternam dona eis Domine et lux per-

Prieres

petua luceat eis.
Requiescant in
pace. Amen.
Pro fratribus no
tris absentibus.
Saluos fac ser-
uos tuos.
Deus meus spe-
rantes in te.
Mitte eis Do-
mine auxilium
de sancto.

Moreau fecit

Et de rõ. tuere eos.
Domine exaudi
orationem meã.
Et clamor meus
ad te veniat.

Orẽmus

Fidelium Deus
omniũ conditor et
redemptor anima-
bus famulorum
famularumque

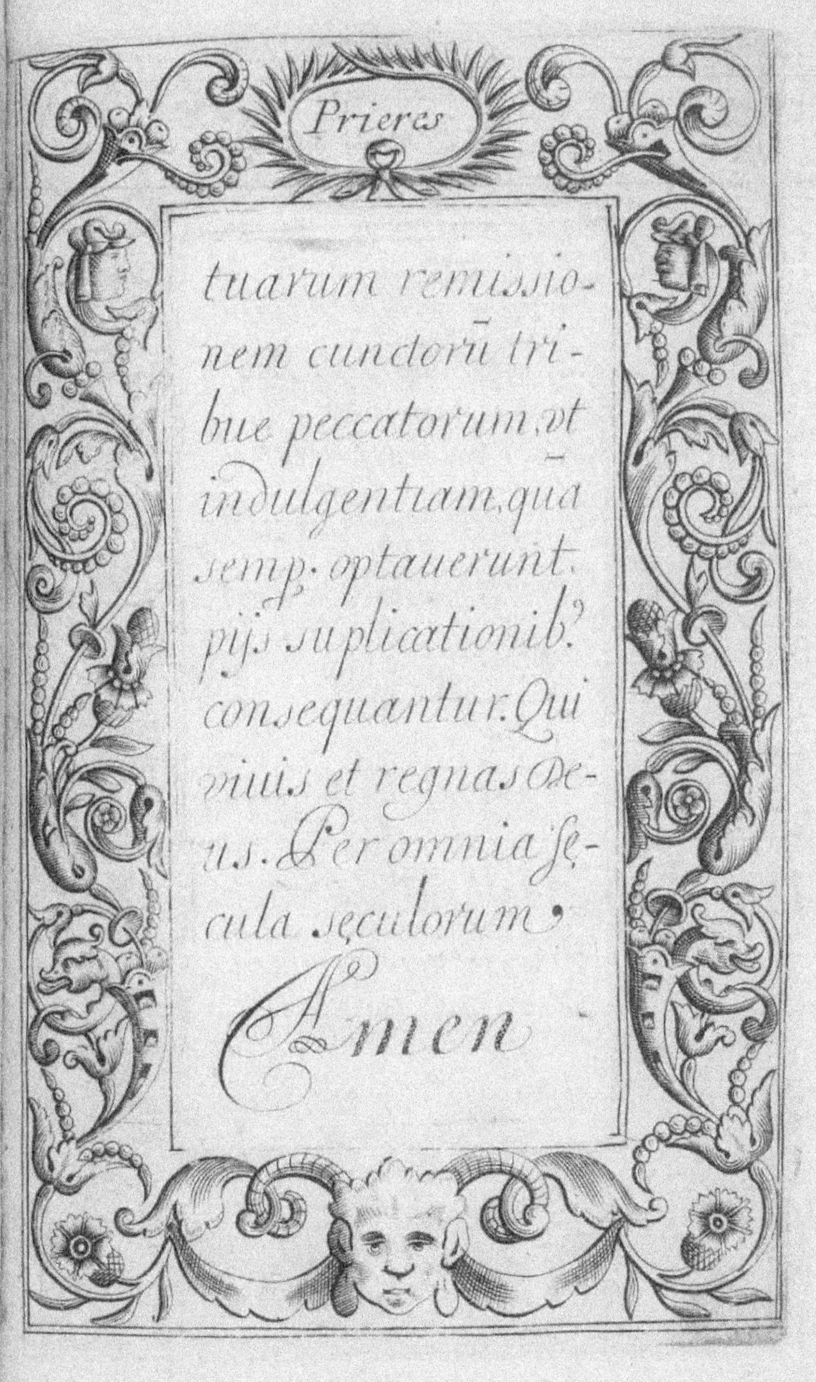

tuarum remissio-
nem cunctorū tri-
bue peccatorum, vt
indulgentiam, quā
semp. optauerunt,
pijs supliationibꝰ
consequantur. Qui
viuis et regnas De-
us. Per omnia se-
cula seculorum.

Amen

Prieres

Prieres
ENSUIVENT
LES
DEVOTES
Oraisons en françois
Propres pour
S'entretenir auec
Dieu.

Prieres
IHS

Prieres

Entretien sur la Passion de nostre Sauueur IESVS CHRIST.

Mon Dieu

Ie vous adore de tout le pouuoir que vostre grace m'é donne, auec tant d'

largesse. Vous sup=
pliant, par l'amour
que vous portez a
Iesus vostre filz,
de receuoir ma pri=
ere, & me donner vre
S. Esprit, afin d'es=
clairer mes pensées,
et enrichir mes pa=
rolles, pour auec pl.

de ferueur vo. loüer
et mediter auec es-
tude les sacrez mis-
teres de sa passion.
Considerant de tou-
tes mes forces, qui vô
estes, & qui ie suis.
et ce que Iesus vre.
Sire a souffert pô
moy.

Je commenceray donc, par l'excès de son amour, qui l'a obligé à prendre chair humaine dans les entrailles d'une Vierge. Eminent témoignage de son humilité.

En suitte Je consi-

dereray les spiri=
tuelles actions de
sa vie, son oblatiō
au temple, sa fuitte
en Egipte, son retō
employé aux jeus=
nes, predications,
Oraisons, Sueurs
larmes, miracles,
et autres exercices

vertueuses au degré le plus supreme. De plus ie mediteray les sacrez mistires de sa passion, et tout ce que les Iuifs ont si ignominieusement exercé sur sa chair iñocente. L'ayant cloüé et cruciffié auec des barbaries et cruautéz incomprehensibles.

En fin comme ce doux Iesus (sauueur de noz ames) a si liberalement espãdu son sang et voulu mourir apres nõ

auoir laissé pour arres de son amour vn Testament si fort a n̄re aduanta=ge, et monté dans le Ciel pour y porter les marques de ses playes. Afin d'a=uoir plus d'efficace a obtenir la remis=

Prieres

sion de nos pe=
chez. &

Oraison de
La Passion.

Que dirai-je
donc (O mon Dieu)
quand ie penseraj
meurement au nomb.
infini de tant de

douleurs souffertes
pour noz crimes.
Pourrai-je si vre
S. Esprit ne me les
donne, avoir des
motifs assez puis-
sans, des pensées
assez fortes, et
vne humilité assez
profonde pour me-

dieu sur tant de
mistères qui surpas-
sent la portée de mon
iugement. J'oseray
donc par les tes-
moignages de vre.
bonté jmmense, jm-
plorant vostre
secours, vous sup-
plier de pardonner

Moreau fecit

toutes mes iniquitez
prenant pitié d'une
ame languissante
et contrite, proster=
née a voz piedz
et soubmise a la
mercy de vostre
grandeur, par les
merites de Iesus
vostre benoist filz

qui vit et reigne avec le Sainct Esprit, par tous les siecles, des Siecles. Ainsi soit il.

Acte de contrition auant la Confession

Mon Dieu ren=
trant en moy mes=
me, et considerant
combien j'ay commis
d'iniquitez dans le
cours de ma Vie

combien de fois ie
vous ay promis d'
n'y plus retourner
et combien i'ay abu=
zé de vostre clemen=
ce. Je ne puis que
ie ne m'accuse de=
rechef, et que ie ne
me iuge coulpable
d'vne extreme

ingratitude. Mais maintenant, ie pro= teste de tout l'es tendue de mes for= ces, de ne retourner ny dans le péché, ny dans les occasions, auec vn firme pro= pos, de mesurer tou= tes mes actions aux

reigles de vostre
volonté, et de me
ressouuenir de l'ex-
cez de tant d'obliga-
tions, pour m'auoir
receu a penitence,
afin de me rendre
d'autant plus cap-
pable de vous loüer
par tous les Siecles.

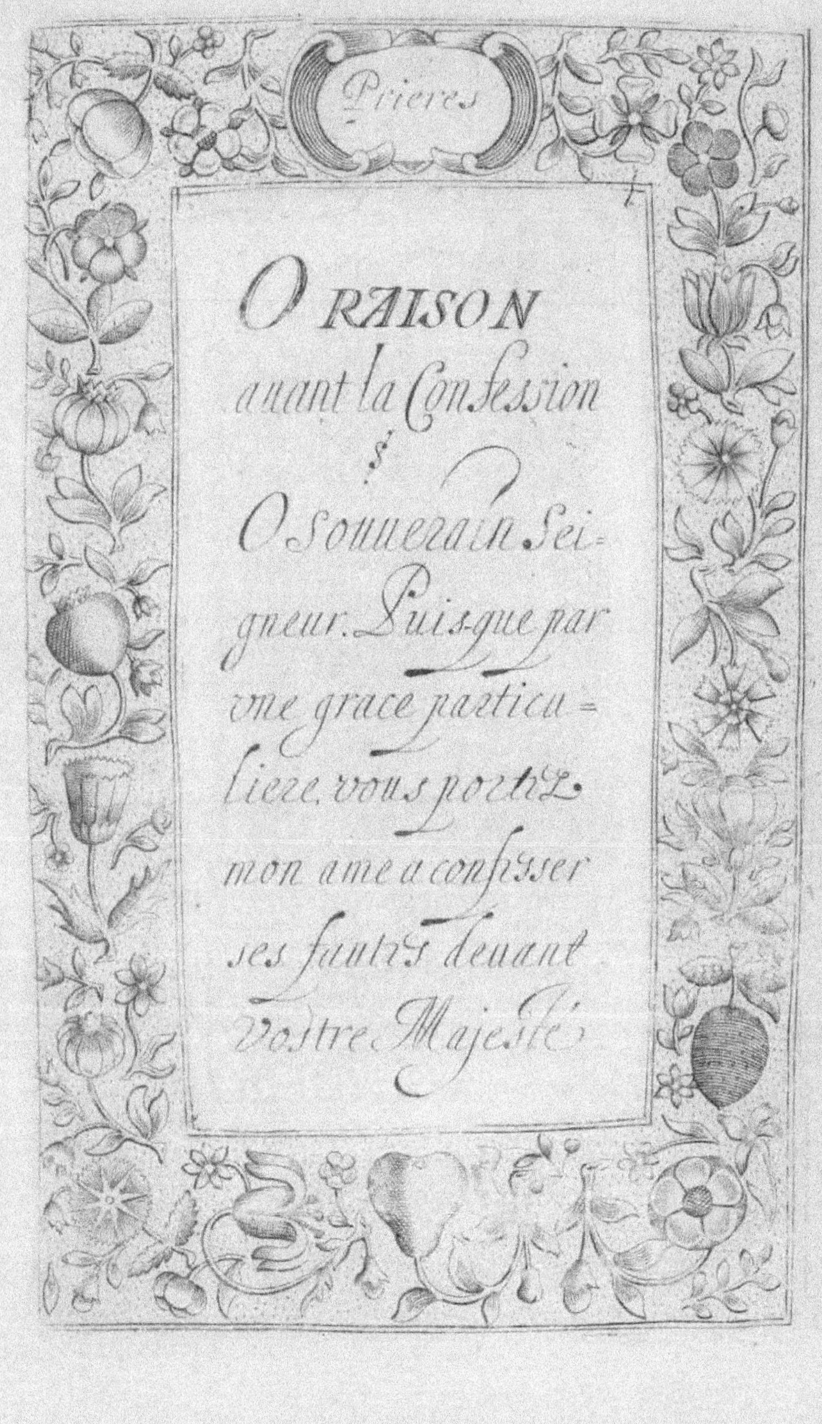

ORAISON auant la Confession

O souuerain Seigneur. Puisque par vne grace particuliere vous portez mon ame a confesser ses fautes deuant Vostre Majesté

Faictes, que vostre S. Esprit remette si bien dans ma pensée tous mes crimes passez, que ie puisse nettement et sans obmission les declarer; et en auoir des ressentimens tres-profondz. Afin de

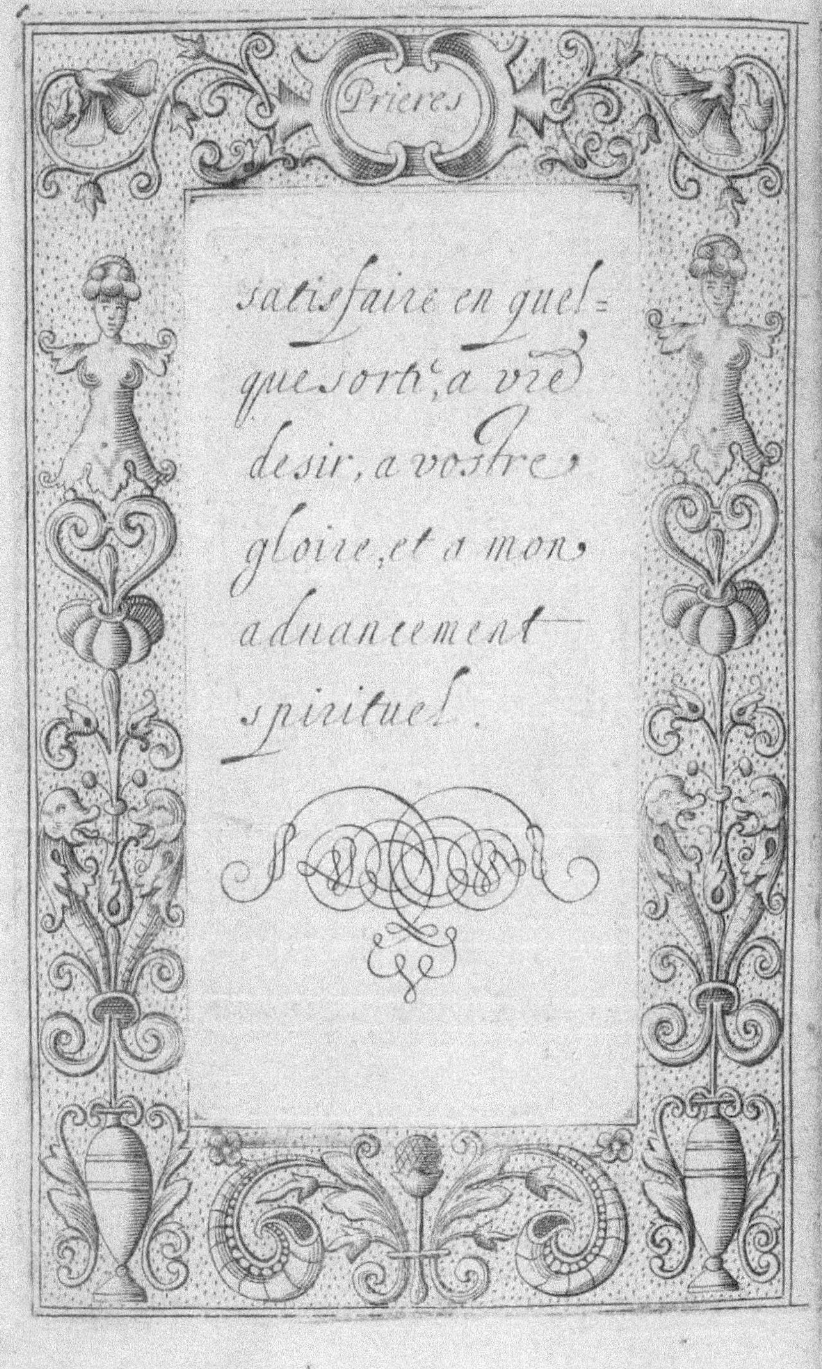

satisfaire en quel=
que sorte, a vre
desir, a vostre
gloire, et a mon
aduancement
spirituel.

Prieres

Prieres
P. M.

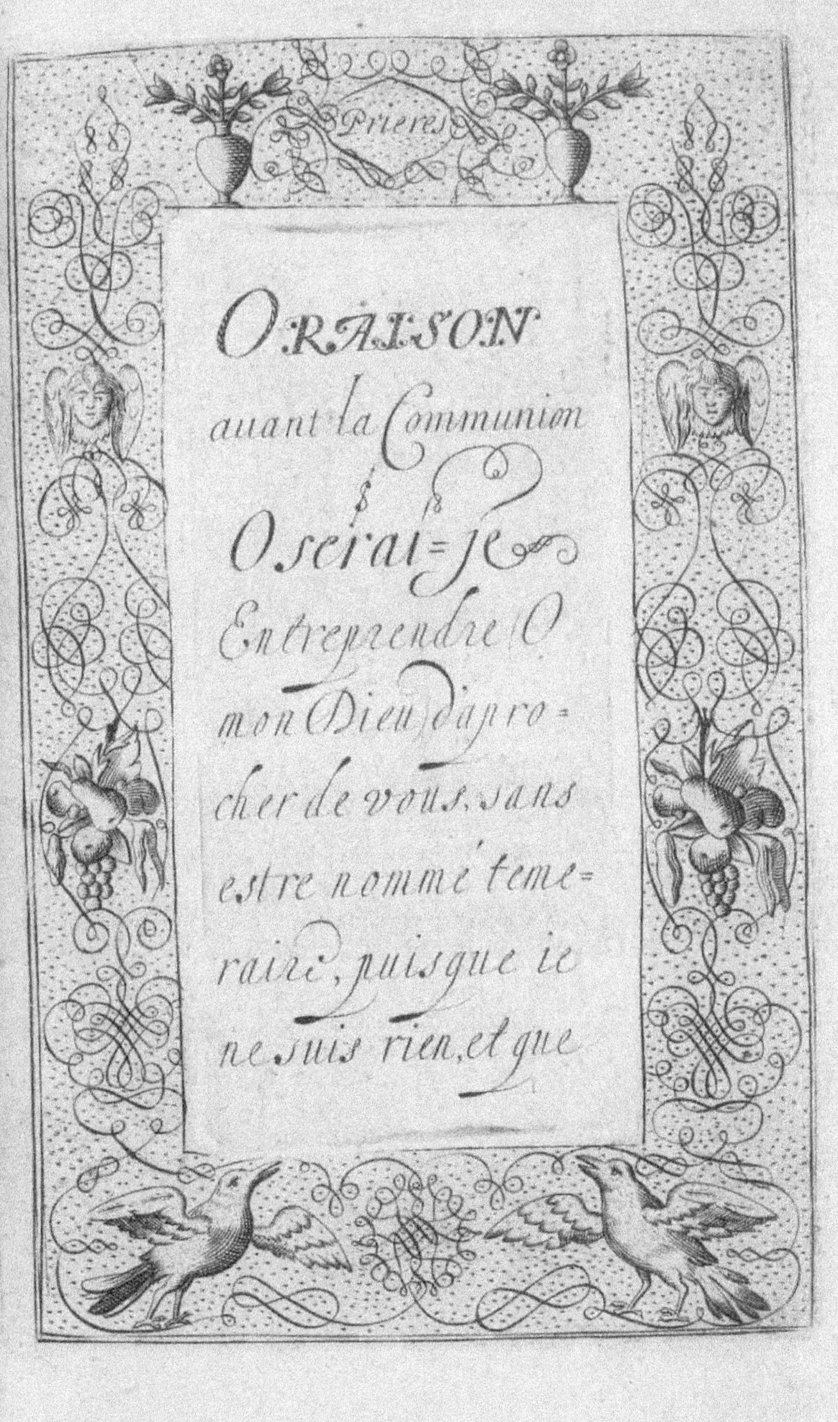

Prieres

ORAISON

auant la Communion

Oserai-je Entreprendre O mon Dieu d'aprocher de vous, sans estre nommé temeraire, puisque ie ne suis rien, et que

vostre grandeur est au dessus de toutes choses, si vostre bonté par une puissance toute diuine, ne se faict preparer dans mon ame vn domicile perpetuel : Ouy ie l'oseray, puisque vous le desirez &

que ie vous voy enti=
erement port'a mon
aduantage, i'entre=
prendray donc soubz
l'asseurance de vre.
parolle, de me por=
ter a vne action si
elevée, si plaine de
mistere, et si rem=
plie d'amour et d'affection

pour mon salut, bien
que ie ne porte sur
mon front que des
marques d'iniquité,
que vostre clemen=
ce efface auec tant
de douceur; po. me fr.
viure vn jo. dans le
Ciel, auec le pere, le
Filz, et le S. Esprit.

Oraison en Communiant

Faictes ô bon Iesus vostre en=
trée en mon ame in=
digne sejour de vos=
tre grandeur, et y
prononcez ces pa=
roles pour me ga=
rentir de peché afin

Moreau fecit

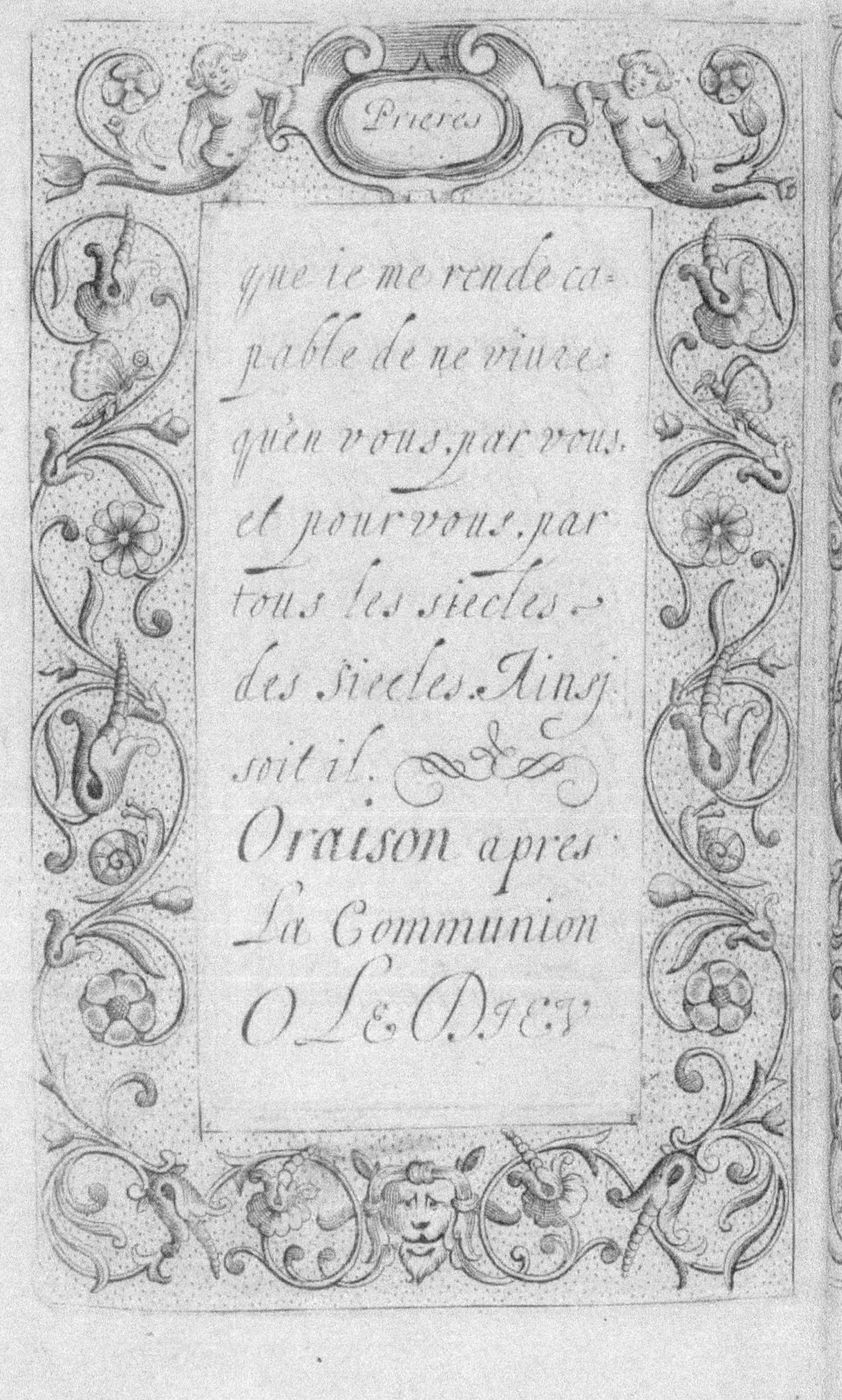

que ie me rende capable de ne viure qu'en vous, par vous, et pour vous, par tous les siecles des siecles. Ainsi soit il.

Oraison apres La Communion

O LE DIEV

de mon salut. Puis=
que vous auez hũ=
blement voulu abais
ser Vostre Maies=
té, que de venir lo=
ger dans mon ame,
lieu indigne, &
véritablement incõ=
modé pour vser d'v=
ne familiarité si

grande et si plaine
d'amour, auec vne
chose de neant et
de si bas merite. Je
vous prie donc, O
souuerain Seigneur,
par cette humilité
ioincte a l'excez de
tant d'amour que vous
portez aux hommes,

Par l'excellence de voz eminentes vertuz, et par tout ce quil y a de sacré et d'auguste dans l'estendue de voz perfections, de banir de ce domicile d'impieté les choses qui vous y desagréent.

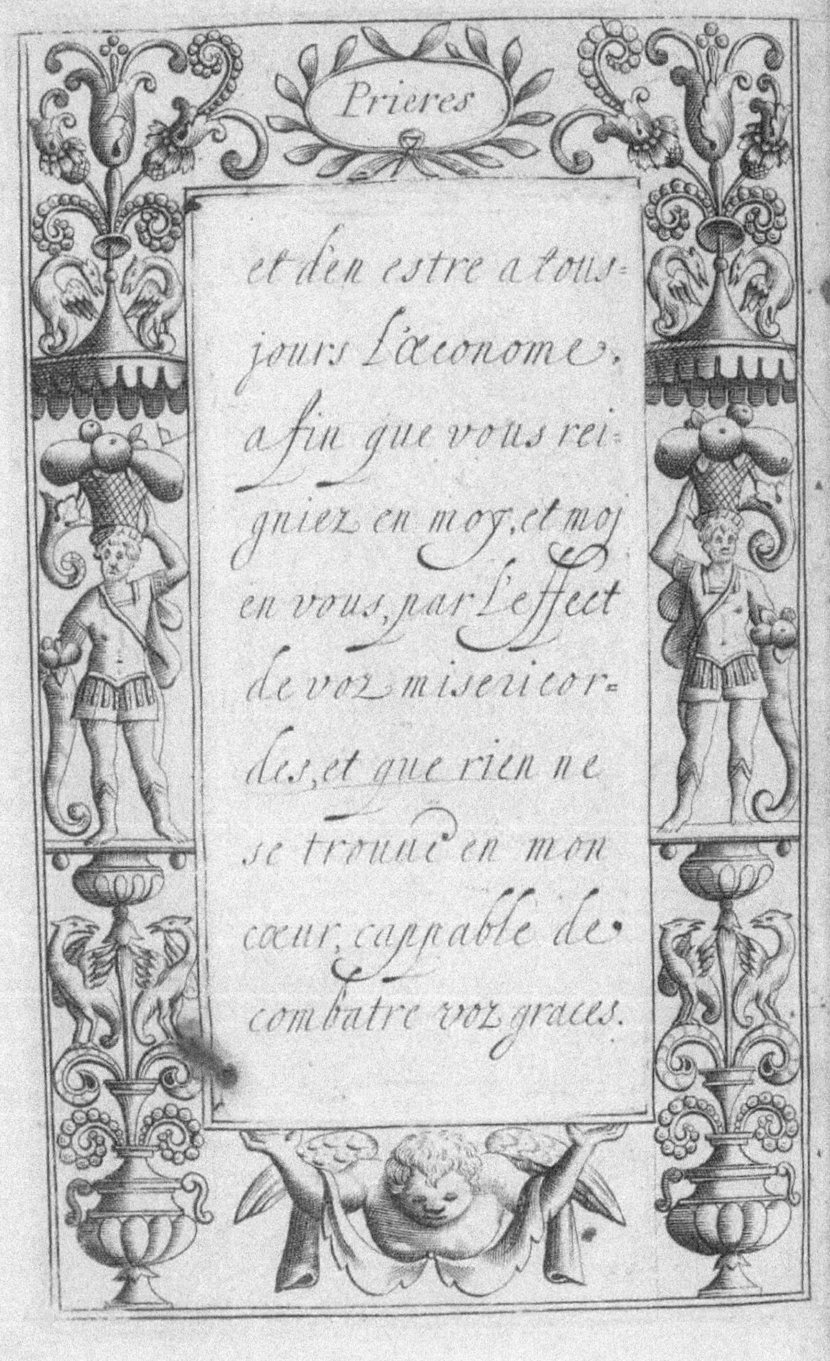

et d'en estre a tousjours l'œconome. afin que vous reigniez en moy, et moy en vous, par l'effect de voz misericordes, et que rien ne se trouue en mon cœur, cappable de combatre voz graces.

Car mon desir n'est autre que de viure eternellement auec vous. Ainsi soit il.

Prieres
S. Maria

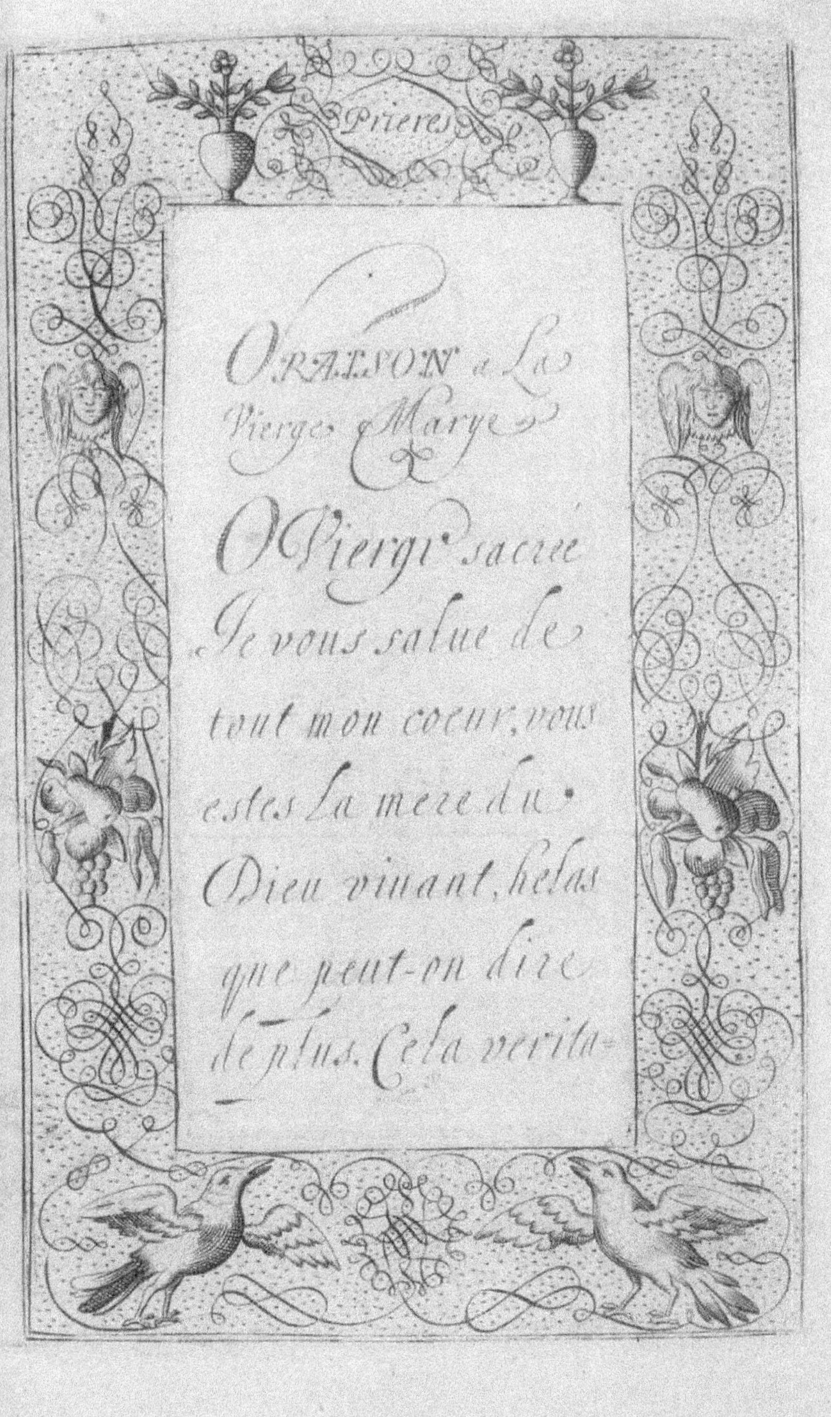

Prieres

ORAISON a La Vierge Marye

O Vierge sacrée Je vous salue de tout mon coeur, vous estes La mere du Dieu viuant, helas que peut-on dire de plus. Cela veritablement surpasse toutes les qualitez possibles. Vo. l'auez esleué et nourri, Ce bon IESVS auec tāt d'amour, et de Zele, et l'auez veu mourir auec tant de dou-leurs et de larmes; Ie vous supplie.

donc Imperatrice du Ciel, et de la ter=re, par toutes ces douleurs, par tou=tes ces larmes, et par toutes les af=flictions incompre=hensibles que vous auez souffertes au temps de sa passiō.

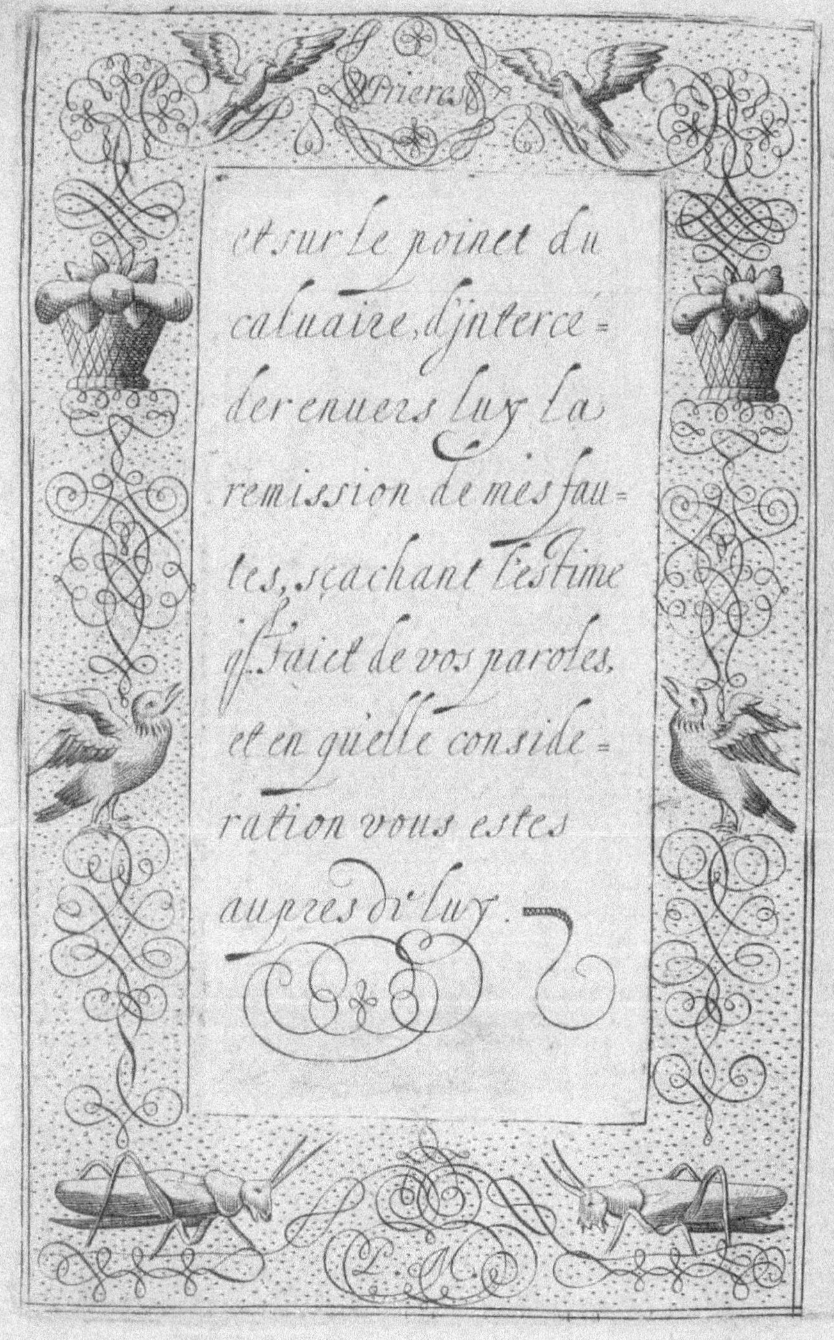
Prieres
et sur le poinct du
caluaire, d'intercé=
der enuers luy la
remission de mes fau=
tes, sçachant l'estime
q'il faict de vos paroles,
et en quelle conside=
ration vous estes
aupres de luy.
P. M.

Prieres

Prieres

Prieres

PRIERE
pour la France
Grand Dieu
qui commandez au
Ciel & en la Terre. Con-
seruez nous s'il vô-
plaist nostre bon
Roy Louis, noz
Roynes si vertu-

euses. Tous les
Princes et Prin=
cesses, et augmen=
tez leur bon conseil,
Afin que tout le
progrez de leurs
armes ne butte qu'à
vostre gloire, Que
vostre S. Esprit
gouuerne leurs pen-

sées, et si bien celles
de leurs subjectz,
que tous les habi-
tans de ce Royau-
me incessament vô-
prient, et satisfacēt
entierement au com-
mandement que vous
leur faictes de bien
obeir. Regardez

Moreau fecit

Done, O Pere de misericorde, la pauure France d'vne œillade amoureuse et plaine de compassion, et luy donnez la fleur d'un lis esclos de vostre main pour le maintien de vostre Eglise, auec

vne paix perpe
tuelle. Augmentez
y la foy, en extir-
pant les heresies.
et faictes quil n'y
en aye aucun, qui ne
se rende cappable de
voꝰ loüer, par tous
les siecles. Ainsy
soit il. § Fin.

Prieres

www.ingramcontent.com/pod-product-compliance
Ingram Content Group UK Ltd.
Pitfield, Milton Keynes, MK11 3LW, UK
UKHW022058260726
13993UKWH00001B/187

9 782329 230474